Dieses Buch gehört:

....

Melissa
Fortis

Weihnachts-
Backbuch

Fotografien von

Danny Bernardini

Für Miss P.

Nie habe ich eine reinere Liebe erfahren. Ich werde dich nie vergessen.
Und für meinen geliebten Rudy – mein Schutzengel und mein »Kind auf vier Pfoten«.
Keine Liebe war je so groß, wie die zwischen uns dreien.

Wunderschöne Weihnachten!

Melissa Fortis

Weihnachts-Backbuch

Prestel

München · London · New York

Ich habe Melissa und ihre Arbeit in einer denkwürdigen Situation kennengelernt: Mein Freund Tim Mälzer hatte mich im Rahmen der TV-Serie *Kitchen Impossible* in Melissas Tea Room & Cakes nach Sarzana geschickt, wo ich Melissas *Tiramisu-Torte* nachbacken musste. Und das, obwohl (wie mittlerweile viele wissen) backen nicht kochen ist. Und ich bin dramatisch an der Aufgabe gescheitert.

Im Scheitern liegt jedoch eine der großen Herausforderungen des Lebens. Denn es bedeutet für mich nicht das tragische Ende – sondern lediglich das Ende eines Prozesses, bei dem man LERNT, allerdings auf die härteste Art und Weise. Nämlich, dass es genau so NICHT funktioniert. Das Resultat ist eine neue Herangehensweise an die Dinge – und damit sind wir bei der Arbeit von Melissa.

Wenn man sie persönlich kennenlernt, spürt man sofort die Wachheit, die von ihr ausgeht. Das Feuer in ihren Augen und die Intensität ihrer Worte findet man in jedem ihrer Backwerke wieder. Die Kuchen und Torten selbst haben etwas von der grazilen Silhouette ihrer Kreateurin, und sie sind direkt und von puristischer Natur. Jede Zutat ist präsent und geht ein Zusammenspiel mit den weiteren Akteuren ein – stets getragen von einer Art Spannung, die jeder Torte innewohnt.

Melissas Buch lädt dazu ein, ihre Werke nachzubacken. Und das ist, wie ich aus eigener Erfahrung weiß, ohne das Rezept nicht zu schaffen. Deswegen freue ich mich, dass wir nun die Möglichkeit haben, in Melissas Welt einzutauchen, mit detaillierten Anleitungen an der Hand. Ich möchte dazu raten, sich strikt an die Rezepte zu halten, denn dann wird man großartige Resultate erbacken. Mir selbst ist das mit meiner zweiten *Tiramisu-Torte* gelungen.

Die Herzlichkeit und Lebendigkeit, die Melissa als Italienerin mit jedem Satz versprüht, die schmeckt man in jedem ihrer Rezepte. Die weihnachtlichen Kreationen sorgen aber für eine Extraportion Wärme und Behaglichkeit und dafür, diese Zeit des Miteinanders zu einem Fest der Sinne und der Herzlichkeit zu machen.

Tim Raue

Boss Lady

Pretty Christmas to you

Es ist ein stürmischer Wintermorgen in Italien, und ich sitze gerade am Schreibtisch vor meinem Computer. Meine beiden Katzen sind heute besonders anhänglich, weil es draußen kühl und regnerisch ist und sie nach einem warmen Platz zum Kuscheln suchen.

Neben mir stehen (natürlich) ein Stück Kuchen und eine Tasse Kaffee. Ich liebe süßes Frühstück. Ohnehin hat Süßes gerade Hochkonjunktur, denn das Fest der Feste steht vor der Tür. Als ich das Angebot bekam, ein Weihnachtsbackbuch zu schreiben, war ich überglücklich! Denn welche Zeit wäre besser dafür geeignet, um den Ofen anzuwerfen und ausgiebig zu backen, als der Advent? Also staubte ich kurzerhand mein Rezept-Notizbuch ab, in dem ich all meine Weihnachtsrezepte aufbewahre, und machte mich daran, in Zutaten wie kandierten Zitrusschalen, Zimtstangen, Likören und getrockneten Früchten zu schwelgen.

Doch plötzlich fragte ich mich: »Will ich wirklich einfach nur ein weiteres Buch mit weihnachtlichen Backrezepten zusammenstellen, von denen es im Internet und bestimmt auch in den Rezeptsammlungen der Leser ohnehin schon reichlich gibt?« Nein! Ich möchte auch der tieferen Bedeutung der Dinge nachspüren und deshalb – bevor ich meine Rezepte mit euch teile – einen Moment lang innehalten und darüber nachdenken, was Weihnachten eigentlich für mich und vielleicht auch einige von euch bedeutet. Auf Italienisch heißt Weihnachten »natale«, also »Geburt«.

Ganz gleich, ob man Weihnachten aus religiösen oder kulturellen Gründen feiert – es ist eine Zeit, in der man zusammenkommt, um gemeinsam das Leben, die Familie, die Freunde, die Vergangenheit, die Gegenwart und die Zukunft zu feiern. Auf eine Art sind wir alle miteinander verbunden und haben das gleiche Ziel: Zeit miteinander zu verbringen und unseren Lieben nahe zu sein. Die Zeit scheint einen Moment lang stillzustehen, wir halten inne, kommen zusammen, teilen Leckereien und Wünsche miteinander. In den unterschiedlichsten Ländern kochen und backen wir traditionelle Weihnachtsgenüsse und erfinden neue.

Wie der eine oder andere vielleicht schon weiß, liebe ich es, im faszinierenden Reich der internationalen Konditorkunst auf Entdeckungsreise zu gehen, neue Rezepturen zu entwickeln und beim Backen Neuland zu betreten. Das ist der aufregende Teil meiner Arbeit. Und aus diesem Grund stelle ich euch hier einige der besten Weihnachtsrezepte vor, die ich auf meiner »kulinarischen Reise um die Welt« entdeckt, kreiert oder probiert habe. Darunter befinden sich beliebte Klassiker, aber auch Rezepte, von denen ihr vielleicht noch nie gehört habt.

Ich möchte der breit gefächerten italienischen Backkunst meine Ehre erweisen und auch meine Interpretation internationaler Rezepte vorstellen, damit ihr eure Liebsten mit Leckereien aus unterschiedlichsten Ländern verwöhnen und ihnen bei Bedarf auch noch Hintergrundinformation zu den Rezepten mitgeben könnt. So fühlen wir uns zumindest an Weihnachten alle miteinander vereint – als säßen wir alle gemeinsam an einem Tisch, an dem nur eines zählt: Zusammensein.

Buon Natale! Frohes Fest!

Liebe Grüße,

Melissa

Melissa's
Tea Room
&
Cakes

Große Torten & prächtige Kuchen

Galette des Rois 16
Weihnachtliche Pavlova 20
Zuccotto Fiorentino 22
Croquembouche auf italienische Art 24
Torta Di Datteri E Caramello 28
Tronchetto Di Natale Al Tiramisù 30
Paris-Brest 34
Mont Blanc 38
Torta Al Profumo Di Natale 40
Semifreddo Alle Nocciole Pralinate 42
Eggnog-Orangen-Torte 46
Torte mit doppelter Bayerischer Creme 48
Red Velvet Cake 52
Torta Alla Crema Di Nocciole 54
Mandarinen-Creme-Kuchen 58
Winterliche Kokostorte 60
Torta Cioccolato E Vino Rosso 64
Torta Verticale Alle Clementine 66
Torta Di Natale 68
E Compleanno Per Charis 70
Baked Alaska My Way 72
Schokoladentorte mit Stout 74
Trifle Al Cioccolato E Arancia 78
Biancomangiare all'Amaretto 82

Plätzchen, Kleingebäck & mehr

Ricciarelli Di Siena 86
Weihnachtlicher Dampfpudding 88
Praline Al Mascarpone 90
Biscotti Allo Zenzero 92
Addormenta Suocere 96
Florentiner Plätzchen 100
Vegane Marshmallows 102
Calissons 104
Dekadente Schokoladenwürfel 108
Springerle 110
Eggnog 112
Sbrisolona di Mantova 114
Gianduiotto 116
Torrone Al Cioccolato 120
Bonet 124
Marquise au Chocolat 126
Mandorlaccio Di Altamura 128
Budino Di Ricotta Alla Romana 132
Torta Albero Di Natale 134
Brandy Custard 136
Il Mio Strudel Alla Ricotta E Cioccolato 138
Torta Bonissima 140
Polvorónes 144
Kürbis-Gewürz-Kuchen 146
Champagner-Götterspeise 148
Torta Chiffon Al Cacao 152
Sherrykuchen mit Kardamom 154
Torta Di Castagne E Cioccolato 158
Pan D'Arancio 160
Orangen-Polenta-Kuchen 162
Biscotti Di Natale Vegani 164
Mostaccioli di Napoli 166
Espresso Freddo 168

Weihnachtsbrote & anderes Gebäck

Brazadela 172
Popovers Per La Colazione Di Natale 174
Torta Delle Rose Mantovana 176
Panforte Di Siena 178
Rumkuchen 182
Babà 184
Veneziana 186
Gubana Friulana 188
Pan De Mallorca 190
Milk Pan Del Molise 194
Panettone 198
Ghirlanda di Natale 202
Mini-Pandori 206
Weihnachtliche Milchbrötchen 208

GROSSE TORTEN & prächtige Kuchen

Galette des Rois

DREIKÖNIGSKUCHEN

Zutaten

Ergibt etwa 6 Stücke

Für die Vanille-Creme

- 3 große Bio-Eigelbe
- 110 g Kristallzucker
- 30 g Bio-Maisstärke
- 1 EL (15 ml) Bio-Zitronensaft, frisch gepresst
- 350 ml Vollmilch
- 1 TL Vanillepaste (oder Vanilleextrakt) von echter Vanille

Für die Frangipane-Creme

- 115 g Butter
- 75 g Kristallzucker
- 2 mittelgroße, raumtemperierte Bio-Eier
- 1 TL Vanillepaste (oder Vanilleextrakt) von echter Vanille
- 1 TL Orangenblütenwasser
- Schale von 1 Bio-Zitrone, fein abgerieben
- 100 g Mandelmehl
- 20 g Weizenmehl Type 405

Für die Eistreiche

- 2 Bio-Eier
- 1 mittelgroßes Bio-Eigelb
- 20 ml Vollmilch
- 1 Prise Salz

Für die Böden

- 2 quadratische TK-Blätterteigplatten (mindestens 22 cm Seitenlänge), gut gekühlt

Für den Zuckersirup

- 150 g Kristallzucker
- 150 ml Wasser

Die Galette des Rois wird in Frankreich am Dreikönigstag serviert und ist eine dieser wundervollen Leckereien, die Menschen jedes Jahr aufs Neue zusammenbringen und um einen Tisch versammeln. Traditionell wird in der Füllung ein kleines Geschenk versteckt – in armen Familien war dies früher eine dicke Bohne (»fève«), bei wohlhabenderen eine kleine Porzellanfigur, ebenfalls »fève« genannt. Wer die fève in seinem Stück findet, wird König für einen Tag. Solche Bräuche machen Weihnachten wirklich zur schönsten Zeit des Jahres!

Hinweis: Da die Weihnachtszeit oft von Hektik geprägt ist, empfehle ich, für dieses Rezept hochwertigen TK-Blätterteig zu verwenden. Die Zubereitung der Galette ist ohnehin zeitaufwendig, und ich finde es wichtig, sie ganz stressfrei zusammen mit Freunden und Verwandten genießen zu können. Wer jedoch Spaß daran hat, selbst einen Blätterteig herzustellen, kann das gerne tun.

Anleitung

Für die Vanille-Creme Eigelbe, Zucker, Stärke und Zitronensaft in einer Schüssel mit dem Rührgerät (Schneebesenaufsatz) zu einer hellen Masse aufschlagen.

Die Milch in einem mittelgroßen Topf zum Köcheln bringen. Ein wenig Milch zur Eigelb-Masse geben und rasch unterrühren, um die Mischung zu temperieren. Dann die temperierte Eigelb-Masse in den Topf schaben und bei geringer Temperatur unter ständigem Rühren eindicken lassen. Die Vanille untermengen. Die Creme durch ein Sieb in eine große Schüssel passieren, mit Frischhaltefolie abdecken und bis zur Verwendung kühl stellen.

Für die *Frangipane*-Creme Butter und Zucker in einer Rührschüssel mit dem Rührgerät (Flachrühreraufsatz) kurz auf niedriger Stufe verrühren. Eier, Vanille, Orangenblütenwasser und Zitronenabrieb dazugeben und ebenfalls kurz untermengen. Mandelmehl und Weizenmehl unterrühren und alles zu einer Creme vermengen. Nach und nach die Vanille-Creme unterheben – es sollte eine cremige, aber leicht feste Masse entstehen, deshalb muss gegebenenfalls nicht die gesamte Vanille-Creme verwendet werden. (Eventuelle Vanille-Creme-Reste halten sich im Kühlschrank einige Tage und können mit Früchten als Dessert serviert werden.) Die *Frangipane*-Creme in einen Spritzbeutel mit mittelgroßer runder Tülle füllen und etwa 1 Stunde im Kühlschrank fest werden lassen.

Für die Eistreiche Eier, Eigelb, Milch und Salz in einer kleinen Schale verquirlen und durch ein Sieb in eine andere Schale passieren.

Für die Böden zunächst eine Schüssel mit Eiswasser füllen und auf der Arbeitsplatte platzieren, um bei Bedarf darin die Hände kühlen zu können.

→

Ein Stück Backpapier auf der Arbeitsfläche ausbreiten und 1 Platte des gekühlten Blätterteigs darauflegen. Einen Backring (20 cm Ø) auf der Teigplatte platzieren und mit einem scharfen Messer rund um die Form einen Teigkreis ausschneiden. Diesen in den Kühlschrank geben und aus der zweiten Blätterteigplatte einen zweiten, größeren Kreis (22 cm Ø) ausschneiden. Den größeren Teigkreis samt Backpapier auf das Backblech heben und an den Rändern mit Eistreiche einpinseln (dabei darauf achten, dass nichts von der Eistreiche seitlich auf das Papier herabrinnt, denn dann geht die *Galette* im Ofen nicht ordentlich auf). Den anderen Teigkreis ebenfalls an den Rändern mit Eistreiche einpinseln, dann wieder in den Kühlschrank geben.

Mittig beginnend die *Frangipane*-Creme in drei Ringen, die einander leicht überlappen, auf den größeren Teigkreis spritzen. Am Rand einen 1,5 cm breiten Streifen frei lassen. Jetzt eine *fève* in der Creme versenken. Den kleineren Teigkreis aus dem Kühlschrank nehmen und auf die Creme legen. Die Blätterteigkanten mit einer Gabel eindrücken, um die *Galette* zu versiegeln. Vor dem Verzieren die *Galet-*

te für mindestens 1 Stunde in den Kühlschrank stellen.

Für den Zuckersirup Zucker und Wasser in einem kleinen Topf bei mittlerer Temperatur köcheln lassen, bis der Zucker vollständig aufgelöst ist. Bis zur Verwendung in den Kühlschrank stellen.

Den Backofen auf 200 °C vorheizen.

Mit einem Bastelmesser oder einer sehr scharfen Klinge in die Teigoberseite leicht gebogene, etwa 2 mm tiefe Linien ritzen (wie Sonnenstrahlen). Dabei in der Mitte beginnend bis zum Rand vorgehen. Mit einer runden, mittelgroßen Spritzbeuteltülle mittig ein Loch in die Teigoberseite stechen, damit beim Backen Dampf entweichen kann. Die Oberseite der *Galette* mit der restlichen Eistreiche einpinseln.

Die *Galette* 8–10 Minuten im Ofen backen. Dann die Temperatur auf 160 °C senken und die *Galette* weitere 30–35 Minuten backen. Mit dem Zuckersirup einpinseln und vor dem Servieren abkühlen lassen.

Weihnachtliche Pavlova

(UND DIE VIELEN LEGENDEN, DIE SICH UM SIE RANKEN)

Unglaublich, wie viel Trubel ein relativ simples Rezept wie das der Pavlova im Reich der Backwaren ausgelöst hat! Um die Urheberschaft dieser mit Sahne und Früchten gefüllten Baisertorte streiten sich Neuseeländer und Australier seit Jahrzehnten, und bis heute ist nicht eindeutig geklärt, wer der Erfinder der luftig-knusprigen Köstlichkeit ist. Vielleicht beruht sie ja auch auf der Schaumtorte, die deutsche Einwanderer einst in die USA brachten? Schließlich ist es kein Geheimnis, dass Deutsche einige der besten Kuchen und Torten der Welt kreiert haben!

Möglicherweise rührt die Popularität der Torte auch daher, dass ab 1900 die ersten elektrischen Rührgeräte auf den Markt kamen, dank derer man Eiweiß in wenigen Minuten in Eischnee verwandeln konnte. Die Pavlova war dadurch schnell zubereitet und wurde fortan auf jeder eleganten Teeparty serviert. Eine der Legenden, die sich um die Leckerei ranken, gefällt mir ganz besonders. Sie handelt von einem neuseeländischen Küchenchef, der dermaßen von der Schönheit der russischen Balett-tänzerin Anna Pawlowa (1881–1931) fasziniert war, dass er einen Kuchen kreierte, der so leicht und anmutig war wie die Tänzerin selbst.

Doch ganz egal, wer sie nun tatsächlich erfunden hat – die Pavlova ist eine umwerfende Dessertkreation, die man zu jeder Jahreszeit genießen kann, an Weihnachten macht sie aber ganz besonders viel her. Man kann sie ganz nach Wunsch formen und füllen, und Groß sowie Klein machen immer große Augen, wenn das Wunderwerk serviert wird.

Zutaten

Ergibt 6–8 Stücke

Für das Baiser
- 4 große Bio-Eiweiß, raumtemperiert
- 200 g Kristallzucker
- 1 TL Bio-Zitronensaft, frisch gepresst
- 1 EL Bio-Maisstärke
- 1 TL Vanillepaste (oder Vanilleextrakt) von echter Vanille

Für die Mascarpone-Creme
- 240 ml Konditorsahne (36 % Fett)
- Saft von 1 mittelgroßen Bio-Orange, frisch gepresst
- 225 g Mascarpone, raumtemperiert
- 100 g Puderzucker
- ½ TL Orangenöl oder -extrakt (optional)

Zum Dekorieren
- 50 g frische Cranberrys
- 50 g Granatapfelkerne
- frische Rosmarinzweige

Anleitung

Den Backofen auf 120 °C vorheizen und ein Backblech mit Backpapier auslegen. Mit einer Ringform (20 cm Ø) als Schablone einen Kreis auf das Backpapier zeichnen. Das Papier wenden, damit die *Pavlova* nicht in Kontakt mit der Zeichnung kommt.

Für das Baiser die Eiweiße in einer Schüssel mit dem Rührgerät (Schneebesenaufsatz) schaumig aufschlagen. Nach und nach den Zucker dazugeben und den Eischnee weiterschlagen, bis er feste Spitzen zieht. Zitronensaft, Stärke sowie Vanille dazugeben und alles weiterschlagen, bis ein sehr festes Baiser entstanden ist. Dieses behutsam innerhalb des angezeichneten Kreises verstreichen, damit es so luftig wie möglich bleibt. Das Baiser mit einer kleinen Winkelpalette zu einer Kuppel auftürmen, dabei jedoch innerhalb der Grenzen des Kreises bleiben. Die Palette schräg nach oben ziehen, um das Muster auf dem Foto zu erzielen, dann die Kuppel in der Mitte leicht mit der Rückseite eines Löffels eindrücken, um eine Vertiefung zu erzeugen. Eventuelle Baiserreste in einen Spritzbeutel mit kleiner runder Tülle füllen und kleine Tupfen auf das Baiser spritzen. 1½ Stunden im Ofen backen, bis das Baiser durchgebacken und knusprig ist. Auf dem Blech vollständig auskühlen lassen.

Für die Mascarpone-Creme die Sahne in einer Schüssel mit dem Rührgerät (Schneebesenaufsatz) steif aufschlagen. Nach und nach den Orangensaft dazugießen und alles weiterschlagen, bis sich feste Spitzen bilden. Nun den Flachrühreraufsatz auf der Maschine anbringen. Den Mascarpone in einer separaten Schüssel mit einer Teigspachtel glatt rühren, dann in kleinen Portionen nach und nach mit dem Rührgerät unter die Sahne-Mischung mengen. Puderzucker und nach Belieben Orangenöl unterziehen.

Die Creme mittig auf die *Pavlova* geben und mit Cranberrys, Granatapfelkernen, Rosmarin (oder anderem) dekorieren. Sofort servieren.

Zuccotto Fiorentino

GEFÜLLTE FLORENTINISCHE KUPPELTORTE

Ahhhhh! Für dieses anbetungswürdige Rezept müssen wir der Familie Medici danken. Genauer gesagt, der großartigen Caterina de' Medici, Prinzessin von Urbino und Königin von Frankreich, denn für sie wurde diese Süßspeise einst kreiert. Als ich klein war, kaufte meine Mutter immer Zuccotto als Gastgeschenk, wenn sie zu einer Weihnachtsfeier eingeladen war. Für mich ist ein Zuccotto deshalb ein Sinnbild der Festlichkeiten und darf zu Weihnachten keinesfalls fehlen!

Zutaten

Ergibt 8 Stücke

Für den Biskuit
- 6 große Bio-Eier, raumtemperiert
- 225 g Kristallzucker
- 230 g Weizenmehl Type 405
- 1 Prise Salz
- 1 TL Vanillepaste (oder Vanilleextrakt) von echter Vanille

Für die Ricotta-Füllungen
- 450 g Kuhmilch-Ricotta
- 60 g Kristallzucker
- 120 ml Konditorsahne (36 % Fett)
- 1 EL ungesüßtes Kakaopulver
- 50 g kleine Schokoladen-Chips
- 45 g Orangeat, fein gewürfelt

Zum Fertigstellen
- 250 ml Gewürzlikör (z. B. Alchermes)
- 3 EL ungesüßtes Kakaopulver
- frische Beeren oder Schokoraspeln (optional)

Anleitung

Für den Biskuit den Backofen auf 180 °C vorheizen und eine runde Backform (24 cm Ø) mit Backpapier auskleiden.

Die Eier zusammen mit dem Zucker in einer Rührschüssel mit dem Rührgerät (Quirlaufsatz) auf mittlerer bis hoher Stufe mindestens 15–20 Minuten aufschlagen, bis sie ihr Volumen verdreifacht haben. Das Mehl zweimal sieben, dann ganz behutsam unter die Eier-Zucker-Masse heben, um die Luftigkeit des Teiges zu erhalten. Salz und Vanilleextrakt ebenso unterheben. Den Biskuitteig in die vorbereitete Form füllen und 40–45 Minuten im Ofen backen, ohne währenddessen die Ofentüre zu öffnen. Auf einem Kuchengitter vollständig auskühlen lassen, dann in Frischhaltefolie wickeln und 1 Stunde tiefkühlen.

Für die Ricotta-Füllungen zunächst den Ricotta durch ein feines Sieb in eine große Schüssel streichen. Den Zucker kurz glatt unterrühren (nicht zu lange rühren, da der Ricotta ansonsten zu flüssig wird).

In einer separaten großen Schüssel die Sahne mit dem Rührgerät (Schneebesenaufsatz) steif aufschlagen, dann behutsam unter die Ricotta-Masse heben. Etwa 200 g der Creme in einen Spritzbeutel füllen und kühl stellen. Kakaopulver, Schokoladen-Chips sowie Orangeat unter die restliche Creme rühren und die Mischung in einen weiteren Spritzbeutel füllen. Bis zur Verwendung in den Kühlschrank legen.

Zum Fertigstellen eine Halbkugel-Backform oder alternativ eine runde Glasschüssel (11 cm hoch, 17 cm Ø) mit Frischhaltefolie auskleiden.

Den Biskuit in 1,25 cm dicke Scheiben schneiden. Die vorbereitete Form mit den Scheiben auskleiden und diese an den Seiten der Form behutsam andrücken, damit sie gut haften. Biskuitreste für den Boden des Zuccottos beiseitelegen. Den Biskuit in der Form mithilfe eines Backpinsels mit dem Gewürzlikör tränken.

Die weiße Creme (also die ohne Schoko-Chips und Orangeat) rundum auf der Biskuitschicht aufspritzen, bis die Form fast ganz gefüllt ist. Mit einem Löffel oben mittig eine Mulde eindrücken. Diese mit der Schoko-Creme füllen und die Oberfläche mit einer Winkelpalette glatt verstreichen. Die restlichen Biskuitstreifen darauf verteilen (sie ergeben später den Boden des Kuchens). Mit Likör einpinseln, mit Frischhaltefolie abdecken und mindestens 4 Stunden, besser über Nacht, in den Kühlschrank stellen. Man kann den *Zuccotto* auch einfrieren. Dann 1 Stunde vor dem Servieren aus dem Tiefkühlgerät nehmen.

Den *Zuccotto* auf eine Tortenplatte stürzen und mit Kakao bestäuben. Optional mit Beeren oder Schokoraspeln dekoriert servieren.

Croquembouche auf italienische Art

WINDBEUTEL-TURM

Zutaten

Ergibt 10 Portionen oder mehr

Für den Brandteig
- 375 ml Vollmilch
- 375 ml Wasser
- 300 g Butter
- ½ TL Zucker
- ½ TL Salz
- 450 g Weizenmehl Type 550 (oder Manitobamehl)
- 15 mittelgroße Bio-Eier (insgesamt etwa 765 g)
- Puderzucker, zum Bestäuben

Für die Crème Chantilly
- 1 l Konditorsahne (36 % Fett)
- 140 g Puderzucker
- 1 TL Vanillepaste (oder Vanilleextrakt) von echter Vanille

Für das Karamell
- 1 kg Zucker
- 120 ml flüssige Glucose (oder heller Maissirup)
- 125 ml Wasser

Für den Kartonkegel
- 1 mittelfestes Blatt Karton (60 cm × 30 cm)
- Schere
- Klebeband
- Backpapier

Wenn man es zu Weihnachten im wahrsten Sinne des Wortes krachen lassen möchte, sollte man die französische Windbeutelpyramide Croquembouche (wörtlich: »kracht im Mund«) servieren. Ich habe in Paris wahrhaft gigantische Ausgaben dieser Spezialität gesehen, denn mit so einem Turm voller köstlich gefüllter Karamell-Windbeutel stellen die Konditoren ihr Können und ihr Geschick unter Beweis. Die Herstellung des perfekten Croquembouche ist nicht einfach und nimmt eine Menge Zeit in Anspruch. Doch die strahlenden Augen der Gäste, wenn man diese »Windbeuteltorte de luxe« serviert, macht den Aufwand mehr als wett.

Dies hier ist meine eigene Version der berühmten Torte – mit italienischen Windbeuteln, die nicht einheitlich geformt sind und keine Craquelin-Kruste aus Mürbteig haben. Man kann die Windbeutel klassisch füllen, also mit Crème Chantilly, Konditorcreme oder Schlagsahne, doch weil Karamell mit fast jeder Geschmacksrichtung harmoniert, kann man die Füllung auch an die Weihnachtszeit anpassen. Empfehlenswert ist zum Beispiel Konditorcreme mit einem Schuss Weinbrand, aber auch mit Orangen-Schokoladen-Creme gefüllte Windbeutel sind einen Versuch wert.

Ich stelle meinen Croquembouche immer mitten auf den Tisch und dekoriere ihn für den besonderen Glamour-Effekt mit Glitzersternchen. Er schmeckt köstlich mit einem Glas italienischem Muskateller oder Vin Santo, noch festlicher und »französischer« wird es aber natürlich mit einem prickelnden Champagner. Wie viele meiner Leser sicherlich wissen, lautet mein Motto »Weniger ist mehr«. Doch in der Weihnachtszeit werfe ich meine Prinzipien über den Haufen und sage: »Mehr ist besser«.

Hinweis: Dieses Rezept ergibt etwa 120 mittelgroße Windbeutel, plus 24 kleine. Um den Croquembouche aufzubauen, benötigt man Karton mit den Maßen 60 cm × 30 cm. Je nachdem, wie hoch der Turm werden soll, bleiben gegebenenfalls einige Windbeutel übrig. Ungefüllt und gut eingepackt halten sich diese tiefgekühlt allerdings bis zu 1 Monat.

Anleitung

Den Karton zu einem Kegel aufrollen. Je größer der Kegel, desto mehr Windbeutel benötigt man. Wenn man sich jedoch an die von mir angegebene Kartongröße hält, sollten genügend Windbeutel für den gesamten Kegel vorhanden sein. Die Kartonenden mit Klebeband fixieren, und den Boden mithilfe der Schere begradigen, damit der Kegel flach auf der Arbeitsfläche stehen kann. Auch die Kegelspitze flach abschneiden. Den Kegel mit 1–2 Blättern Backpapier umwickeln, an dem die Windbeutel später haften werden. Aus Backpapier ein Quadrat ausschneiden und dieses auf dem Kegel platzieren, um das Loch zu schließen. Es dient als eine Art »Korken«, damit die Windbeutel nicht in den Kegel fallen. Abschließend überstehendes Backpapier abschneiden – fertig!

Für den Brandteig den Backofen auf 230 °C vorheizen und ein Backblech mit Backpapier auslegen.

Milch, Wasser, Butter, Zucker zusammen mit dem Salz in einem Topf zum Kochen bringen. Vom Herd nehmen und mithilfe eines Kochlöffels rasch das Mehl unterrühren. Zurück auf den Herd stellen und auf kleiner bis mittlerer Stufe etwa 1 Minute weiterrühren, bis sich am Topfboden und an der Rückseite des Kochlöffels eine helle Schicht absetzt. Den Teig in die Rührschüssel eines Rührgeräts (Flachrühreraufsatz) füllen und leicht abkühlen lassen.

→

Große Torten & prächtige Kuchen

Die Eier in einer mittelgroßen Schüssel kurz verquirlen. Das Rührgerät auf kleine Stufe stellen und nach und nach die Eier einarbeiten. Der Teig sollte eine feste, aber dennoch cremige Konsistenz haben, die sich leicht spritzen lässt, und die Schüssel sollte sich warm, aber nicht heiß anfühlen. Den Teig in einen Spritzbeutel mit mittelgroßer runder Tülle füllen (ich habe eine 806-Tülle von Ateco verwendet, aber auch eine andere runde oder Sterntülle ist geeignet). Nun mittelgroße runde Windbeutel (3 cm Ø) auf das vorbereitete Backblech spritzen (die Windbeutel müssen in mehreren Partien gebacken werden). Etwas Abstand zwischen den Windbeuteln lassen, damit sie beim Aufgehen im Ofen nicht aneinanderhaften. Mit etwas Puderzucker bestäuben und 5 Minuten im Ofen backen. Die Temperatur auf 180 °C senken und die Windbeutel weitere 30 Minuten backen, bis sie goldgelb sind. Dann völlig auskühlen lassen.

Für die *Crème Chantilly* die Sahne in einer Schüssel mit dem Rührgerät (Schneebesenaufsatz) zunächst auf kleiner Stufe und dann auf hoher Stufe steif aufschla-

gen. Puderzucker und Vanille untermengen und die Sahne steif aufschlagen (nicht zu lange, damit sie nicht gerinnt), dann in einen Spritzbeutel mit kleiner bis mittelgroßer runder Tülle geben. Die Windbeutel füllen, indem man die Tülle am Boden des Windbeutels einsticht und die Crème hineinspritzt. Dabei behutsam zu Werke gehen, damit der Windbeutel nicht reißt.

Für das Karamell zunächst eine Schüssel mit Eiswasser füllen und in Griffnähe platzieren, um die Hände kühlen zu können, falls man sich am Karamell verbrennt.

Zucker, Glucose und Wasser in einem großen Topf bei mittlerer Temperatur erhitzen, bis ein bernsteinfarbenes Karamell entstanden ist. Während des Erhitzens nicht rühren, um eine Kristallbildung des Zuckers zu vermeiden. Man kann entweder die Topfwände mit einem feuchten Backpinsel bestreichen oder den Topf sanft schwenken. Vom Herd nehmen, die Windbeutel nacheinander behutsam in das heiße Karamell tunken und am Kartonkegel andrücken. Dabei unten beginnen und in die Höhe arbeiten, bis der Turm vollendet ist. Nach Gusto dekorieren und servieren.

Torta Di Datteri E Caramello

DATTEL-STICKY-TOFFEE-TORTE

Zutaten

Ergibt etwa 10 Stücke

Für die Böden

- 350 g entsteinte Datteln
- 300 ml Wasser
- 550 g Weizenmehl Type 405
- 5 TL Backpulver
- 3 TL Zimtpulver
- 1 TL gemahlene Muskatnuss
- 1/4 TL Salz
- 440 g dunkler Muscovado- oder brauner Zucker
- 230 g Butter, raumtemperiert
- 226 g Melasse
- 4 TL Vanillepaste (oder Vanilleextrakt) von echter Vanille
- 6 TL frischer Ingwer, gerieben
- 3 große Bio-Eier
- 2 reife Bananen, zerdrückt

Für die Toffee-Sauce

- 125 g brauner Zucker
- 120 ml Crème double
- 115 g Butter
- 2 EL Melasse
- 1 TL Vanillepaste (oder Vanilleextrakt) von echter Vanille

Für die Meringue-Buttercreme

- 4 große Bio-Eiweiß
- 200 g Kristallzucker
- 1 TL Vanillepaste (oder Vanilleextrakt) von echter Vanille
- 280 g Butter, gewürfelt und raumtemperiert

Die Inspiration für dieses tolle Rezept stammt aus einem Londoner Café, in dem ich so manche schöne Weihnachtsfeier verlebt habe und das einen besonders köstlichen Sticky Toffee Cake anbietet. »Sticky toffee« klingt herrlich dekadent, klebrig, süß und aromatisch – und genau so ist diese Torte! Sie sollte auf auf einem Tortenteller mit Fuß präsentiert werden.

Anleitung

Den Ofen auf 180 °C vorheizen. Zwei runde Backformen (20 cm Ø) mit Butter einfetten und die Böden mit Backpapier auslegen.

Für die Böden Datteln und Wasser in einem mittelgroßen Topf zum Kochen bringen. Weiterkochen, bis die Datteln weich sind. Abgießen und die Datteln im Universalzerkleinerer oder mit dem Stabmixer fein pürieren. Auf Zimmertemperatur abkühlen lassen.

Mehl, Backpulver, Zimt, Muskat und Salz in eine große Schüssel sieben.

Muscovado-Zucker und Butter in einer Rührschüssel mit dem Rührgerät (Flachrühreraufsatz) luftig aufschlagen. Melasse, Vanille und Ingwer hinzufügen und 1 Minute unterrühren. Nacheinander die Eier auf kleiner Stufe einarbeiten. Bananen und Dattel-Püree unterrühren. Die Mehl-Mischung dazugeben und nur kurz einarbeiten. Den Teig auf die vorbereiteten Formen verteilen und 35–40 Minuten im Ofen backen, bis an einem mittig eingestochenen Holzstäbchen keine Teigreste mehr haften bleiben. 30 Minuten in der Form abkühlen lassen, dann auf ein Kuchengitter stürzen und vollständig auskühlen lassen.

Für die Toffee-Sauce Zucker, Crème double, Butter, Melasse und Vanille in einem mittelgroßen Topf aufkochen. 2 Minuten unter Rühren weiterkochen, bis die Masse andickt. Vom Herd nehmen und die Sauce mit dem Schneebesen aufschlagen.

Die noch warmen, aber nicht zu heißen Böden mehrfach mit einem Holzstäbchen einstechen. Die Hälfte der Toffee-Sauce auf die Böden verteilen, die andere Hälfte für die Dekoration beiseitestellen.

Für die *Meringue*-Buttercreme Eiweiße und Zucker in eine hitzebeständige Schüssel geben und über einem sanft köchelnden Wasserbad platzieren. Unter ständigem Rühren mit dem Schneebesen auf 70 °C erhitzen (mittels Kochthermometer überprüfen), bis der Zucker vollständig aufgelöst ist. Die Mischung in eine Schüssel geben und mit dem Rührgerät (Schneebesenaufsatz) auf mittlerer bis hoher Stufe steif schlagen, bis die Schüssel sich kühl anfühlt. Die Vanille unterziehen. Zum Flachrühreraufsatz wechseln und auf kleiner Stufe nach und nach die Butter untermengen und alles zu einer glänzenden Creme aufschlagen. Die Creme kühl stellen und mit dem Zusammensetzen der Torte beginnen.

Einen Boden auf einem Tortenteller platzieren und gleichmäßig mit einer Schicht Buttercreme bestreichen. Den zweiten Boden darauflegen und die Torte rundum mit einer dünnen Schicht Buttercreme überziehen. Mindestens 1 Stunde im Kühlschrank fest werden lassen.

Falls die Toffee-Sauce zu fest ist, diese leicht anwärmen, aber nicht so warm werden lassen, dass sie die Buttercreme zum Schmelzen bringt. Die Tortenkante mithilfe eines Löffels mit der Sauce beträufeln und die Sauce an den Seiten herunterlaufen lassen. Dann mittig mehr Sauce auf die Torte träufeln und die Toffee-Sauce bei Raumtemperatur fest werden lassen. Weitere Deko nach Wunsch hinzufügen und die Torte servieren.

Tronchetto Di Natale Al Tiramisù

TIRAMISÙ-BAUMSTAMM

Zutaten

Ergibt 6–8 Portionen

Für den Biskuit

- 110 g Weizenmehl Type 405
- 1 TL Backpulver
- 1/4 TL Salz
- 5 große Bio-Eier, getrennt
- 110 g Kristallzucker
- 1 TL Vanillepaste (oder Vanilleextrakt) von echter Vanille

Für die Mascarpone-Füllung

- 250 g gekühlter Mascarpone (möglichst fest)
- 40 g Puderzucker
- 250 ml Konditorsahne (36 % Fett)
- 35–40 ml frisch gebrühter Espresso, abgekühlt
- ungesüßtes Kakaopulver (zum Dekorieren)

In meinem ersten Buch »Dolci, Tartes und zauberhafte Kuchen BACKEN« habe ich eine Tiramisù-Torte vorgestellt, die sich zu einem echten Hit entwickelt hat. Ich kann allen, die mein Rezept für ihre Feierlichkeiten zubereitet haben, gar nicht genug danken! Und weil die Kombination aus Kaffee, Mascarpone und Kakao so beliebt ist, präsentiere ich hier eine neue Tiramisù-Kreation in Form eines weihnachtlichen Baumstamms. Wichtig ist, den Biskuit ordentlich mit Espresso zu tränken, damit der Kuchen ein intensives Kaffeearoma bekommt. Wie bei meiner Torte bereite ich auch hier die Füllung ohne Eier zu. Dadurch spart man sich das Temperieren der Eier und damit Zeit und Nerven, was in der hektischen Weihnachtszeit Gold wert ist. Ganz unkompliziert ist das Rezept dennoch nicht, es gelingt aber eigentlich immer. Weil die Füllung keine rohen Eier enthält, ist dieser »Baumstamm« übrigens auch für werdende Mütter geeignet!

Anleitung

Den Backofen auf 180 °C vorheizen und ein Backblech mit Backpapier auslegen. Das Papier mit Wasser befeuchten, das Wasser auspressen und das feuchte Papier zurück auf das Backblech legen.

Für den Biskuit das Mehl zweimal in eine große Schüssel sieben. Backpulver und Salz untermengen und alles nochmals durchsieben.

Eigelbe und Zucker in einer Schüssel mit dem Rührgerät (Schneebesenaufsatz) auf mittlerer Stufe aufschlagen, bis sich das Volumen verdreifacht hat.

Die Eiweiße in einer separaten großen Schüssel steif aufschlagen. Den Eischnee behutsam mit einem Teigschaber unter die Eigelb-Masse heben. Das Mehl auf dieselbe Weise unterheben, dann die Vanille unterziehen.

Den Teig mit einer Winkelpalette auf dem vorbereiteten Blech verstreichen. Etwa 10 Minuten im Ofen backen, bis der Biskuit an den Rändern leicht golden gebräunt ist. Auf dem Blech bei Raumtemperatur abkühlen lassen.

Ein zweites Stück Backpapier befeuchten, auswringen und auf dem Biskuit platzieren. Den Biskuit mitsamt dem unteren Backpapier wenden und auf die Arbeitsfläche legen. Das jetzt oben liegende Backpapier vorsichtig abziehen. Den Biskuit von der Querseite aus aufrollen und in ein leicht feuchtes Geschirrtuch wickeln. Völlig auskühlen lassen.

Für die Mascarpone-Füllung Mascarpone und Puderzucker in einer mittelgroßen Schüssel kurz glatt rühren.

Die Sahne in einer Rührschüssel mit dem Rührgerät (Schneebesenaufsatz) steif aufschlagen, dann unter die Mascarpone heben und 10 Minuten kühl stellen.

Den Biskuit auf der Arbeitsfläche auseinanderrollen, das Geschirrtuch und das Backpapier entfernen. Den Biskuit mit dem kalten Espresso beträufeln und diesen etwa 3 Minuten einziehen lassen. Die Mascarpone-Creme auf dem gesamten Biskuit verstreichen. Den Biskuit erneut von der Querseite aus aufrollen und auf eine Tortenplatte legen. Auf der Oberseite des »Baumstamms« mit einer Gabel ein Wellenmuster kreieren und dieses anschließend mit Kakao bestäuben. Nach Belieben mit Beeren oder Mistelzweigen dekorieren.

Paris–Brest

BRANDTEIG-KRANZ MIT HASELNUSSKROKANT

Zutaten

Ergibt 10 Stücke

Für den Brandteig

- 130 ml Vollmilch
- 60 g Butter
- 1 TL Puderzucker
- 1 Prise Salz
- 65 g Weizenmehl Type 550 (oder Manitobamehl), gesiebt
- 100 g Bio-Eier (entspricht 2 großen Bio-Eiern), verquirlt

Zum Garnieren

- 1 großes Bio-Ei
- 2 EL Vollmilch
- 100 g Mandelblättchen (zum Dekorieren)
- ½ TL Puderzucker (zum Dekorieren)

Für die Füllung

- 350 ml Vollmilch
- 1 TL Vanillepaste (oder Vanilleextrakt) von echter Vanille
- 3 große Bio-Eier
- 140 g Puderzucker
- 55 g Weizenmehl Type 405
- 145 g Haselnusskrokant (siehe Seite 42), im Universalzerkleinerer fein zerhäckselt
- 255 g Butter, gewürfelt und raumtemperiert

Der köstlich gefüllte, luftige Windbeutel-Kranz namens »Paris–Brest« wurde ursprünglich für das gleichnamige Radrennen (1891–1951) kreiert, das in Paris startete und über Brest wieder in die französische Hauptstadt zurückführte. Die Kranz-Form soll an einen Fahrradreifen erinnern. Paris–Brest hat sich im Laufe der Jahre zu einem der beliebtesten Dessertkuchen der Welt entwickelt und kann entweder als großer Kringel oder als kleine Portions-Küchlein zubereitet werden. Ich stelle hier die große Version vor, die auf dem weihnachtlichen Tisch besonders viel hermacht. Wer noch nie einen Brandteig hergestellt hat, darf beruhigt sein. Es geht alles leichter von der Hand, als man glaubt. Sobald man die Technik beherrscht, kann man das traditionelle Rezept auch ganz nach Belieben abwandeln und die Creme zum Beispiel mit Kaffee oder Früchten der Saison verfeinern. Lecker wird es auf jeden Fall.

Anleitung

Den Backofen auf 190 °C vorheizen. Aus einem Blatt Backpapier einen Kreis (24 cm Ø) ausschneiden und auf ein Backblech legen.

Für den Brandteig Milch, Butter, Puderzucker und Salz in einem mittelgroßen Topf zum Kochen bringen. Vom Herd nehmen, das gesiebte Mehl kräftig mit einem Kochlöffel unterrühren, bis sich ein Teigkloß gebildet hat und am Topfboden eine weiße Schicht angesetzt hat. Den Teig in eine Rührschüssel füllen und mit dem Rührgerät (Flachrühreraufsatz) auf kleiner Stufe 1 Minute bearbeiten.

Nach und nach die Eier in den Teig einarbeiten. Dann auf hoher Stufe 3 Minuten lang alles gründlich vermengen.

Den Teig in einen Spritzbeutel mit mittelgroßer runder Tülle füllen und einen Ring auf den Backpapierkreis aufspritzen. Innerhalb des ersten Rings einen zweiten, kleineren Ring aufspritzen, dann einen dritten Ring oben mittig zwischen den ersten beiden Ringen.

Zum Garnieren Eier und Milch in einer kleinen Schale kurz verquirlen und die gesamte Oberfläche des Brandteigkranzes damit einpinseln. Den Kranz mit Mandelblättchen und Puderzucker bestreuen und etwa 20 Minuten backen (ohne die Ofentür zu öffnen), bis der Kranz durchgebacken und goldgelb geworden ist. Dann völlig auskühlen lassen.

Für die Füllung Milch und Vanille in einem mittelgroßen Topf bei mittlerer Temperatur sanft zum Köcheln bringen.

Derweil die Eier in einer Rührschüssel aufschlagen und den Puderzucker hinzufügen. Kurz mit einem Schneebesen verrühren. Das Mehl unterrühren. Die köchelnde Milch unter kräftigem Rühren zu der Ei-Masse gießen. Zurück auf den Herd stellen und unter ständigem Rühren etwa 3 Minuten eindicken lassen. Die Creme in eine Schüssel füllen, mit Frischhaltefolie abdecken und im Kühlschrank abkühlen.

Die abgekühlte Creme nochmals mit dem Schneebesen aufrühren, dann Krokant und Butter vollständig einarbeiten. Bis zur Verwendung mit Frischhaltefolie abgedeckt in den Kühlschrank stellen.

Die Creme nochmals aufrühren und in einen Spritzbeutel mit Sterntülle füllen. Den Brandteigkranz horizontal halbieren, die untere Hälfte auf einen Tortenteller legen und mit dem Spritzbeutel Creme-Rosetten darauf spritzen. Die obere Hälfte darauflegen und den Kranz mit Puderzucker bestäubt servieren.

Mont Blanc

BAISERTORTE MIT MARONEN

Zutaten

Ergibt etwa 50 Baisers (3 cm Ø) und etwa 8 Stücke

Für die Baisers

- 3 mittelgroße, raumtemperierte Bio-Eiweiß
- 1/4 TL *Cream of tartar* (Kaliumbitartrat, reiner Weinstein ohne Beimischungen, im Onlinehandel erhältlich)
- 130 g Puderzucker, gesiebt
- 1 TL Bio-Zitronensaft, frisch gepresst

Für den Mont Blanc

- 600 g Maronenpüree
- 30 g Butter, raumtemperiert
- 20 ml Rum
- 1 TL ungesüßtes Kakaopulver
- 500 ml Konditorsahne (36 % Fett)
- 200 g kleine Schokoladen-Chips
- 5 *Marrons glacés* (kandierte Maronen), grob gehackt

Das französische Dessert Mont Blanc bringt mich immer wieder aufs Neue ins Schwärmen. Wer auch immer dieses nach dem Mont Blanc, dem höchsten Berg der Alpen, benannte Dessert kreiert hat – er hat einen festen Platz in meinem Herzen. Ein gelungener Mont Blanc muss luftig leicht, süß und wunderschön anzusehen sein. Deshalb ist Weihnachten die perfekte Gelegenheit, um dieses Dessert der Extraklasse zu servieren. Wenn man sich genau an mein Rezept hält, kann eigentlich nichts schiefgehen. Ich habe es möglichst simpel gehalten, denn ich weigere mich, viel Zeit in die Zubereitung von etwas zu stecken, was ich so schnell wie möglich essen will. So setze ich meine Prioritäten!

Anleitung

Den Backofen auf 80 °C vorheizen und ein Backblech mit Backpapier auslegen.

Für die Baisers Eiweiße und *Cream of tartar* in einer Rührschüssel mit dem Rührgerät (Schneebesenaufsatz) auf mittlerer Stufe schaumig aufschlagen. Den Puderzucker in drei Portionen vollständig einarbeiten. Dann den Zitronensaft dazugießen und alles zu einer steifen Masse aufschlagen. In einen Spritzbeutel mit runder Tülle (2A) füllen und kleine Tupfen (3 cm Ø) auf das vorbereitete Backblech spritzen. Wer im Spritzen ungeübt ist, kann auch einen runden Ausstecher (3 cm Ø) als Vorlage nutzen und mit einem Bleistift Kreise auf dem Backpapier markieren. Dann das Backpapier wenden, damit das Baiser nicht in Kontakt mit dem Bleistiftstrich kommt. Die Baiserkreise etwa 90 Minuten im Ofen trocknen (währenddessen nicht die Ofentür öffnen, um ein Zusammenfallen zu verhindern), bis sie sich leicht und trocken anfühlen. Den Ofen ausschalten, die Baisers aber nicht herausnehmen, sondern im Ofen vollständig auskühlen lassen.

Für den Mont Blanc 400 g Maronenpüree, Butter, Rum und Kakao in einer großen Schüssel zu einer Paste verrühren. Die Maronen-Paste abgedeckt kühl stellen.

Die Sahne in einer Rührschüssel mit dem Rührgerät (Schneebesenaufsatz) steif aufschlagen. Etwa ein Drittel vorsichtig unter die verbliebenen 200 g Maronenpüree heben.

Einen Tortenteller (20–23 cm Ø) auf die Arbeitsfläche legen und mit einer Schicht Maronen-Sahne bestreichen. Darauf eine Schicht Baisers verteilen und mit Schokoladen-Chips und kandierten Maronen bestreuen (2 davon zum Garnieren beiseitelegen). Weitere Lagen aufschichten, bis ein pyramidenartiges Gebilde entstanden ist. Den Mont Blanc mithilfe einer Spachtel rundum mit Maronen-Sahne bestreichen. Darauf schließlich die restliche Schlagsahne möglichst glatt verstreichen.

Die Maronen-Paste aus dem Kühlschrank nehmen; sie sollte recht fest geworden sein. Falls sie noch zu weich ist, etwas mehr Kakaopulver unterrühren und erneut im Kühlschrank fest werden lassen. Die Paste in einen Spritzbeutel mit kleiner runder Tülle füllen und damit rundum auf dem Mont Blanc dünne Ringe aufspritzen. Alternativ die Paste durch eine Kartoffelpresse drücken und in ungleichmäßigen Streifen auf dem Gebäck verteilen, um die typische Mont-Blanc-Optik zu kreieren. Mit den restlichen kandierten Maronen, Baisers oder, für besonderen Glamour, mit Blattgold dekorieren.

Etwa 1 Stunde kühl stellen und 30 Minuten vor dem Servieren aus dem Kühlschrank nehmen.

Torta Al Profumo Di Natale

WEIHNACHTSFRUCHTKUCHEN

Ohne Eier & Milchprodukte!

Zutaten

Ergibt 6–8 Stücke

- 45 g entsteinte getrocknete Datteln
- 2 EL flüssiger heller Honig
- 355 g Allzweckmehl (vorzugsweise ungebleicht), gesiebt
- ½ TL Natron
- ½ TL Backpulver
- 1 Prise Salz
- 230 g Muscovado-Zucker
- 2 EL Golden Syrup (aus dem Onlinehandel oder selbst gemacht)
- 4 TL frischer Ingwer, gerieben
- 1 TL Zimtpulver
- 1 TL Vanillepaste (oder Vanilleextrakt) von echter Vanille
- ¼ TL gemahlene Muskatnuss
- 120 ml Pflanzenöl
- 1 TL Brandy
- 100 ml Wasser, raumtemperiert
- 40 g getrocknete entsteinte Aprikosen, gehackt

Diese Leckerei ähnelt einem traditionellen englischen Weihnachtsfruchtkuchen und ist vollgepackt mit getrockneten Früchten und erstaunlichen Aromen. Im Gegensatz zur englischen Version ist dieses Rezept im Handumdrehen zubereitet. Und es hat noch weitere Vorzüge: Es kommt ohne Eier und Milchprodukte aus!

Ein kleiner Tipp: Anstelle des Golden Syrup kann man den Kuchen auch mit selbst gemachtem Sirup tränken. Hierfür einfach zu gleichen Teilen Zucker und Wasser sowie etwas frisch gepressten Orangensaft zum Kochen bringen. Abkühlen lassen, dann über den warmen Kuchen pinseln und das Wunder geschehen lassen! Dieser Kuchen duftet einfach wunderbar nach Weihnachten!

Anleitung

Den Backofen auf 180 °C vorheizen und den Boden einer tiefen (20 × 15,5 cm) Kuchenform mit Backpapier auslegen.

Datteln und Honig im Universalzerkleinerer zu einer Paste zerhäckseln.

Mehl, Natron, Backpulver und Salz in einer großen Schüssel vermengen.

In einer Rührschüssel mit dem Rührgerät (Flachrühreraufsatz) Muscovado-Zucker, Sirup, Ingwer, Zimt, Vanille und Muskat aufschlagen, bis sich der Zucker vollständig mit den Gewürzen verbunden hat. Das Pflanzenöl und den Brandy untermengen. Die Dattel-Paste einarbeiten, dann das Wasser. Die Mehl-Mischung dazugeben und unterrühren, bis eine homogene Masse entstanden ist. Die gehackten Aprikosen unterheben, dann den Teig in die vorbereitete Form füllen und etwa 40 Minuten backen (bis an einem Holzstäbchen, das man mittig in den Kuchen steckt, keine Teigreste mehr haften bleiben).

Den Kuchen nach dem Backen etwa 30 Minuten in der Form abkühlen lassen, dann herauslösen und auf einem Kuchengitter bis zum Servieren auskühlen lassen.

Semifreddo Alle Nocciole Pralinate

HALBGEFRORENES MIT HASELNUSSKROKANT

Zutaten

Ergibt etwa 8–10 Stücke

Für den Haselnusskrokant
- 80 g ganze blanchierte Haselnusskerne
- 80 g Kristallzucker

Für die Pâte à bombe
- 150 g Kristallzucker
- 45 ml Wasser (3 EL)
- 80 g Bio-Eigelb (möglichst frisch)

Für das italienische Baiser (gekochtes Baiser)
- 150 g Kristallzucker
- 60 ml Wasser
- 60 g Bio-Eiweiß

Für das Semifreddo
- 250 ml Konditorsahne (36 % Fett)
- 250 g Mascarpone

Zum Dekorieren
- 100 g Schokolade, gehackt
- ein paar ganze blanchierte Haselnusskerne

Semifreddo bedeutet so viel wie »halb gefroren« und ist in der Welt der Süßspeisen eine ganz eigene Gattung, die in etwa zwischen Eiscreme und Pudding liegt. Man kann Semifreddo zu jeder Jahreszeit servieren und geschmacklich unendlich variieren – im Sommer kann man ihn beispielsweise mit den herrlichen Früchten der Saison verfeinern. Zu Weihnachten sind Haselnüsse ein Gedicht, aber auch andere winterliche Zutaten in Form einer Paste, wie Maronen- oder Schokocreme, sind geeignet. Dieses Semifreddo kann an Weihnachten zu einem echten Klassiker werden und ist der perfekte Abschluss eines festlichen Menüs.

Hinweis: Dieses Rezept ergibt mehr Baisers, als man benötigen wird. Der Grund dafür ist, dass es sehr schwierig ist, nur zwei Eiweiße zu einem guten Baiser aufzuschlagen. Reste halten sich im Kühlschrank allerdings bis zu zwei Tage und können auch als Deko für einen anderen Kuchen verwendet werden.

Anleitung

Für den Krokant die Haselnüsse in einer großen Pfanne bei mittlerer Hitze etwa 5 Minuten rösten und die Pfanne dabei gelegentlich schwenken. Einen großen Teller mit Backpapier auslegen und die Haselnüsse mittig darauf platzieren. Sie sollten so eng wie möglich beieinanderliegen.

Etwa die Hälfte des Zuckers in einem mittelgroßen Topf bei geringer bis mittlerer Hitze ohne Rühren schmelzen. Vorsichtig, dabei wird der Zucker sehr heiß! Den geschmolzenen Zucker mit einem Kochlöffel umrühren, dann den verbliebenen Zucker untermengen. Weiter erhitzen, bis ein goldbraunes Karamell entstanden ist, und dieses über die Haselnüsse gießen. Bei Raumtemperatur abkühlen lassen, bis das Karamell sich kalt anfühlt, dann im Kühlschrank fest werden lassen. Anschließend den Krokant im Universalzerkleinerer fein zermahlen.

Für die *Pâte à bombe* Zucker und Wasser in einem mittelgroßen Topf bei mittlerer Temperatur ohne Rühren erhitzen, bis der Zucker sich vollständig aufgelöst hat.

Derweil die Eigelbe in einer Schüssel mit dem Rührgerät (Schneebesenaufsatz) zu einer hellen Masse aufschlagen.

Sobald der Zuckersirup 120 °C erreicht hat, das Rührgerät auf kleine Stufe stellen, den Sirup langsam in einem steten Strahl in die Eigelbe gießen und vollständig einarbeiten. Weiterrühren, bis die Masse noch heller geworden ist und sich ihr Volumen verdoppelt hat. Die *Pâte à bombe* bis zur Verwendung in den Kühlschrank stellen.

Für das italienische Baiser Zucker und Wasser in einem mittelgroßen Topf auf mittlerer Stufe ohne Rühren erhitzen, bis der Zucker vollständig aufgelöst ist.

→

Derweil die Eiweiße in einer Rührschüssel mit dem Rührgerät (Schneebesenaufsatz) steif aufschlagen.

Sobald der Sirup 120 °C erreicht hat, das Rührgerät auf kleine Stufe stellen, den Sirup langsam in einem steten Strahl in den Eischnee gießen und vollständig einarbeiten. Weiterrühren, bis eine Marshmallow-artige Konsistenz erreicht ist.

Für das *Semifreddo* die Sahne in einer Schüssel mit dem Rührgerät (Schneebesenaufsatz) steif aufschlagen.

Den Mascarpone in einer großen Schüssel glatt rühren. Ein wenig *Pâte à bombe* einarbeiten. Die restliche *Pâte à bombe* dazugeben, alles zu einer glatten, cremigen Masse verrühren und dann den Krokant unterrühren (ein wenig für die Dekoration beiseitestellen). Die Hälfte des italienischen Baisers nach und nach vorsichtig unterheben und abschließend die geschlagene Sahne behutsam unterheben.

Das *Semifreddo* in einen großen oder mehrere kleine Gefrierbehälter füllen und mindestens 5 Stunden gefrieren lassen.

Die Schokolade in einer Bain-Marie oder in einer Metallschüssel, die über einem köchelnden Wasserbad platziert wird (der Schüsselboden darf das Wasser nicht berühren), schmelzen. Vom Herd nehmen und abkühlen lassen. Die Schokolade sollte noch flüssig sein, aber nicht so warm, dass das *Semifreddo* schmilzt. Das *Semifreddo* aus dem Behälter lösen, auf einer Servierplatte anrichten, mit der Schokolade beträufeln, mit dem restlichen Krokant sowie mit ein paar Haselnüssen dekorieren und sofort servieren.

Eggnog-Orangen-Torte

Zutaten

Ergibt etwa 12 Stücke

Für die Böden
- 325 g Weizenmehl Type 405, gesiebt
- 4 TL Backpulver
- 1 TL Zimtpulver
- 1 TL gemahlene Muskatnuss

Für die Füllung
- 450 g Kristallzucker
- 7 große Bio-Eier
- 2 TL Vanillepaste (oder Vanilleextrakt) von echter Vanille
- 240 g Butter, zerlassen und dann raumtemperiert (plus etwas Butter extra zum Einfetten der Form)
- 390 ml *Eggnog* (siehe Rezept Seite 112)

Für die Füllung
- 320 g Orangenmarmelade

Für den Überzug
- 500 ml Konditorsahne (36 % Fett), gekühlt
- 2 EL Puderzucker

Der Eggnog ist ein stark polarisierender anglo-amerikanischer Eierpunsch, den man entweder liebt oder hasst. Ich bin ein bekennender Fan dieses cremigen Getränks, das so unglaublich lecker duftet und auch in einer Torte atemberaubend schmeckt. Wer also noch nach einer Torte sucht, die zu Weihnachten richtig Eindruck macht, ist hiermit fündig geworden. Die Eggnog-Orangen-Torte ist leicht herzustellen und lässt sich ganz nach Gusto dekorieren. Für mich heißt das: üppig und kitschig! Warum auch nicht? Zu Weihnachten ist alles erlaubt, was Spaß macht!

Anleitung

Den Backofen auf 180 °C vorheizen. Zwei runde Backformen (20 cm Ø) einfetten und den Boden mit Backpapier auslegen.

Für die Böden Mehl, Backpulver, Zimt und Muskat in einer großen Schüssel vermischen.

Für die Füllung Zucker und Eier in einer separaten Rührschüssel mit dem Rührgerät (Flachrühreraufsatz) oder mit einem Handmixer auf hoher Stufe aufschlagen, bis sich das Volumen verdoppelt hat und eine helle Masse entstanden ist. Die Vanille unterrühren, dann das Rührgerät auf kleine Stufe stellen und die zerlassene Butter in einem dünnen Strahl langsam zu der Mischung gießen. Vollständig einarbeiten, aber nicht zu lange rühren. Den *Eggnog* unterziehen. Die Mehl-Mischung in 3 einzelnen Portionen mit einer Teigspachtel unterheben.

Den Teig auf die vorbereiteten Formen verteilen und etwa 40 Minuten im Ofen backen, bis an einem eingestochenen Holzstäbchen keine Teigreste mehr haften bleiben. Die Böden 20 Minuten in der Form abkühlen lassen, dann auf ein Kuchengitter stürzen und vollständig auskühlen lassen.

Einen der Böden auf eine Tortenunterlage oder auf einen Tortenteller legen und mithilfe eines langen Messers mit Wellenschliff horizontal halbieren. Den zweiten Boden ebenfalls halbieren, um insgesamt 4 Böden herzustellen.

Für den Überzug Sahne und Puderzucker mit dem Rührgerät (Schneebesenaufsatz) in einer Schüssel steif aufschlagen.

Einen Einwegspritzbeutel zur Hälfte mit der Sahne füllen und die Beutelspitze mit einer Schere abtrennen. Auf den untersten Boden am Rand einen Ring aus Sahne aufspritzen und den Kreis mit Orangenmarmelade füllen. Den zweiten Boden darauflegen, ebenfalls darauf einen Sahnekreis spritzen und diesen mit Marmelade füllen, mit den zwei verbliebenen Böden genauso verfahren. Die restliche Sahne rundum auf der Torte verstreichen und alles nach Belieben mit Ingwerplätzchen oder essbarem Glitzerdekor verzieren. Die Gäste werden garantiert beeindruckt sein!

Torte mit doppelter Bayerischer Creme

Zutaten

Ergibt etwa 10 Stücke

Für die Creme mit Vollmilchschokolade

- 200 g Milchschokolade, grob gehackt
- 300 ml Vollmilch
- 200 ml Konditorsahne (36 % Fett)
- 2 EL Kristallzucker
- 1 TL Vanillepaste (oder Vanilleextrakt) von echter Vanille
- 2 TL Agar-Agar-Pulver

Für die Creme mit Zartbitterschokolade

- 200 g hochwertige Zartbitterschokolade (mindestens 65 % Kakaoanteil), grob gehackt
- 300 ml Vollmilch
- 200 ml Konditorsahne (36 % Fett)
- 2 EL Kristallzucker
- 1 TL Vanillepaste (oder Vanilleextrakt) von echter Vanille
- 2 TL Agar-Agar-Pulver

Ein Menü der besonderen Art, vor allem ein weihnachtliches Festessen, möchte man natürlich auch mit einem ganz besonderen Dessert abschließen. Und da ist diese stilvolle, gefrorene bayerische Creme mit zweierlei Schokolade einfach ideal. Als Vegetarierin verwende ich keine Gelatine und habe diese deshalb durch Agar-Agar-Pulver ersetzt. Zwar entwickelt die Creme mit Agar-Agar keine ganz so feine Textur, doch mein Motto lautet: Man kann nicht alles haben. Ich folge lieber meinen Prinzipien, meide tierische Gelatine, die oft auch aus der konventionellen Landwirtschaft stammt, und nehme kleine Abstriche bei der Textur in Kauf. Ich finde dieses Rezept unglaublich lecker und auch die Konsistenz wundervoll. Weil das Ergebnis einfach ansprechender aussieht, verwende ich eine Puddingform oder Napfkuchenform, es ist aber natürlich auch jede andere Form geeignet. Außerdem lässt sich das Rezept verdoppeln oder verdreifachen und dadurch leicht an die Anzahl der Gäste und die Größe der Form anpassen.

Anleitung

Eine Puddingform ins Gefrierfach stellen.

Für die Creme mit Vollmilchschokolade die Schokolade in einer Bain-Marie oder in einer Metallschüssel, die über einem köchelnden Wasserbad platziert wird (der Schüsselboden darf das Wasser nicht berühren), schmelzen. Die geschmolzene Schokolade beiseitestellen.

Milch, Sahne, Zucker, Vanille und Agar-Agar-Pulver in einem mittelgroßen Topf auf mittlerer Stufe unter ständigem Rühren auf 85 °C erhitzen, dann vom Herd nehmen. Nun die geschmolzene Schokolade hinzufügen und vollständig unterrühren.

Die Form aus dem Tiefkühler nehmen und die Masse hineingießen. Bei Raumtemperatur 30 Minuten fest werden lassen, dann 2 Stunden ins Gefrierfach stellen.

Für die Creme mit Zartbitterschokolade die Schokolade in einer Bain-Marie oder in einer Metallschüssel, die über einem köchelnden Wasserbad platziert wird (der Schüsselboden darf das Wasser nicht berühren), schmelzen.

Milch, Sahne, Zucker, Vanille und Agar-Agar in einem mittelgroßen Topf bei mittlerer Temperatur unter ständigem Rühren auf 85 °C erhitzen. Dann vom Herd nehmen. Etwa 15 Minuten bei Raumtemperatur fest werden lassen (die dunkle Schokolade wird etwas schneller fest als die helle).

Die Form aus dem Tiefkühler nehmen und die dunkle Creme auf der gefrorenen hellen Creme verteilen. Über Nacht in den Tiefkühler stellen.

Kurz vor dem Servieren die Form außen kurz mit einem Flambierbrenner anwärmen oder in heißes Wasser tauchen, um die Creme zu lösen, dann den Inhalt auf eine Tortenplatte stürzen.

Red Velvet Cake

ROTER SAMTKUCHEN

Vegan!

Zutaten

Ergibt 12 Stücke

Für die Böden

- 440 g Bio-Weizenmehl Type 405, gesiebt
- 300 g weißer Bio-Rübenzucker
- 1 EL veganes ungesüßtes Kakaopulver
- 2 TL Natron
- ½ TL Salz
- 480 ml ungesüßte Mandelmilch (oder andere Pflanzenmilch)
- 150 ml Bio-Pflanzenöl (ohne Gentechnik)
- 2 EL vegane rote Lebensmittelfarbe
- 2 ½ TL Vanillepaste (oder Vanilleextrakt) von echter Vanille

Für das Frosting

- 250 g vegane Butter
- 500 g streichfähiger veganer Frischkäse
- 1 ½ TL Vanillepaste (oder Vanilleextrakt) von echter Vanille
- 240 g Puderzucker

Der amerikanische Red Velvet Cake enthält eigentlich neben Butter und Buttermilch auch noch reichlich Doppelrahmfrischkäse und ist im Original somit alles andere als vegan. Meine tierproduktfreie Version steht der Sache geschmacklich jedoch in nichts nach und ist in meinem Laden immer ruck, zuck ausverkauft. Weil er so schön rot ist, ist er außerdem für die Weihnachtszeit wie gemacht. Veganer sollten beim Einfärben des Teiges auf zu 100 Prozent pflanzliche Lebensmittelfarbe achten – der Farbstoff für rote Lebensmittelfarbe wird nämlich oft aus Cochenille-Schildläusen gewonnen und ist somit meistens weder vegetarisch noch vegan. Ich bin eigentlich kein großer Fan von veganer Butter, denn sie ist für mich kein natürliches Produkt, doch um ein veganes Rezept zu kreieren, musste ich hier eine Ausnahme machen. Den Frischkäse kann man für eine etwas kalorienärmere Variante übrigens auch weglassen und den Kuchen stattdessen mit etwas Puderzucker bestäuben. Mit diesem Rezept werde ich einige Menschen glücklich machen, denn ich habe viele Anfragen für eine vegane Version des Red Velvet Cake bekommen. Dies hier ist quasi mein Weihnachtsgeschenk an euch! Doch auch Nicht-Veganer werden das Rezept lieben – probiert es aus!

Anleitung

Den Backofen auf 180 °C vorheizen. Zwei runde Backformen (20 cm Ø) mit Pflanzenöl einpinseln und die Böden mit Backpapier auslegen.

Für die Böden Mehl, Rübenzucker, Kakao, Natron und Salz in einer großen Schüssel mischen.

Mandelmilch, Pflanzenöl, Lebensmittelfarbe und Vanille in einer mittelgroßen Schüssel verrühren, dann mittig in die Mehl-Mischung gießen und alles nur kurz mit dem Rührgerät (Flachrühreraufsatz) zu einem Teig verarbeiten. Den Teig auf die vorbereiteten Formen verteilen und 35–40 Minuten im Ofen backen, bis an einem eingestochenen Holzstäbchen keine Teigreste mehr haften bleiben. In den Formen abkühlen lassen, dann herauslösen.

Für das Frosting die vegane Butter in einer Rührschüssel mit dem Rührgerät (mit dem Flachrühreraufsatz) auf kleiner Stufe cremig rühren. Nach und nach den veganen Frischkäse und die Vanille auf kleiner Stufe einarbeiten, dann den veganen Puderzucker hinzufügen und gründlich unterrühren. Sollte die Creme zu fest sein, noch ein wenig Mandelmilch unterziehen.

Einen der Böden auf einem Tortenteller platzieren und mit einer Schicht Creme bestreichen. Den zweiten Boden darauflegen und die Torte rundum mit der verbliebenen Creme überziehen. Etwa 30 Minuten im Kühlschrank fest werden lassen, dann in Stücke schneiden und servieren.

Torta Alla Crema Di Nocciole

HASELNUSS-SCHOKOLADEN-TORTE

Zutaten

Ergibt 12 Stücke

Für die Böden

- 90 g hochwertige Zartbitterschokolade (mindestens 65 % Kakaoanteil), gehackt
- 160 ml frisch aufgebrühter, heißer Kaffee
- 300 g Weizenmehl Type 405, gesiebt
- 100 g ungesüßtes Kakaopulver
- 2 TL Natron
- 1 TL Backpulver
- 550 g Kristallzucker
- 1/4 TL Salz
- 4 große Bio-Eier, raumtemperiert
- 360 ml Buttermilch, raumtemperiert
- 170 ml Pflanzenöl
- 2 EL Haselnusslikör (z. B. Frangelico)
- 1 TL Vanillepaste (oder Vanilleextrakt) von echter Vanille

Für die Buttercreme

- 8 große Bio-Eiweiß, raumtemperiert
- 500 g Kristallzucker
- 1/4 TL Salz
- 700 g Butter, gewürfelt und raumtemperiert
- 3 EL hochwertige Nuss-Nugat-Creme

Zum Fertigstellen

- 300 g hochwertige Nuss-Nugat-Creme
- 150 g hochwertige Zartbitterschokolade (mindestens 65 % Kakaoanteil), fein gehackt
- ganze blanchierte Haselnusskerne

Diese wunderschöne Torte wird an der festlichen Tafel garantiert Begeisterungsstürme auslösen. Ich empfehle, sie auf einer Silvesterparty zu servieren und mit Wunderkerzen oder sogar echten Kerzen zu dekorieren. Diese Torte verdient einen Ehrenplatz auf dem Tisch und hat echte Starqualitäten!

Hinweis: Weil man bei der Buttercreme bessere Ergebnisse erzielt, wenn man mit einer größeren Portion arbeitet, bleibt bei diesem Rezept etwas Creme übrig. Sie lässt sich aber bis zu drei Tage im Kühlschrank aufbewahren oder auch bis zu einem Monat einfrieren. Außerdem ist es sehr praktisch, ein wenig Buttercreme in der Hinterhand zu haben, mit der sich auch andere Kuchen oder Desserts dekorieren lassen. Übrigens ist es sehr wichtig, raumtemperierte Butter für die Buttercreme zu verwenden, denn wenn die Butter zu warm ist, schmilzt die Buttercreme – und wenn sie zu kalt ist, gerinnt sie.

Anleitung

Den Backofen auf 180 °C vorheizen. Zwei runde Backformen (20 cm Ø) mit Backspray einfetten und die Böden mit Backpapier auslegen.

Für die Böden Schokolade und heißen Kaffee in eine mittelgroße Schüssel füllen und die Schokolade durch Rühren schmelzen. Bei Raumtemperatur leicht abkühlen lassen.

Mehl, Kakao, Natron und Backpulver in eine große Schüssel sieben. Zucker und Salz mit dem Schneebesen untermischen.

Die Eier in einer separaten Rührschüssel mit dem Rührgerät (Flachrühreraufsatz) auf mittlerer Stufe schaumig schlagen. Buttermilch, Öl, Haselnusslikör und Vanille hinzufügen und etwa 1 Minute einarbeiten. Dann die abgekühlte Schokoladen-Mischung unterziehen. Die Mehl-Mischung in drei Portionen hinzufügen und nach jeder Zugabe gut unterrühren. Den Teig auf die vorbereiteten Formen verteilen und 45–50 Minuten im Ofen backen, bis an einem eingestochenen Holzstäbchen keine Teigreste mehr haften bleiben. Die Böden 15 Minuten in der Form abkühlen lassen, dann auf ein Kuchengitter stürzen und vollständig auskühlen lassen.

Für die Buttercreme Eiweiße, Zucker und Salz in einer Metallschüssel, die über einem köchelnden Wasserbad platziert wird (der Schüsselboden darf das Wasser nicht berühren), erhitzen, bis der Zucker vollständig aufgelöst ist und eine Temperatur von 71 °C erreicht ist. Die Mischung in eine Rührschüssel füllen und mit dem Rührgerät (Schneebesenaufsatz) auf mittlerer bis hoher Stufe steif aufschlagen, bis sich die Schüssel kühl anfühlt. Zum Flachrühreraufsatz wechseln und auf kleiner Stufe nach und nach die Butter unterrühren. Weiterschlagen, bis eine cremige, glänzende Buttercreme entstanden ist.

→

Die Nuss-Nugat-Creme hinzufügen und vollständig einarbeiten. Die Buttercreme in den Kühlschrank stellen und derweil beginnen, die Torte zusammenzusetzen.

Zum Fertigstellen einen der Böden auf einem Tortenteller platzieren und mit einer gleichmäßigen Schicht Nuss-Nougat-Creme bestreichen. Den zweiten Boden darauflegen und die Torte rundum mit einer dünnen Schicht Buttercreme überziehen. Dies dient dazu, die Krümel zu binden (Crumb Coat), und muss deshalb nicht sonderlich akkurat ausgeführt werden. Die Torte 15 Minuten im Kühlschrank fest werden lassen. Dann mit einer weiteren Schicht Buttercreme überziehen. Überschüssige Creme mit einer Teigkarte abziehen, dabei wird der darunterliegende Boden teilweise wieder sichtbar. Dieser Schritt gehört ebenfalls zum Crumb Coating und sorgt für eine glatte, ebenmäßige Oberfläche. Nun eine dritte Buttercremeschicht auftragen, allerdings ein wenig Buttercreme für die Dekoration beiseitestellen. Etwa 30 Minuten im Kühlschrank fest werden lassen.

Die Zartbitterschokolade in einer Bain-Marie oder in einer Metallschüssel, die über einem köchelnden Wasserbad platziert wird (der Schüsselboden darf das Wasser nicht berühren), schmelzen. Etwas geschmolzene Schokolade vorsichtig auf den Tortenrand träufeln, herunterlaufen lassen und etwa 5 Minuten im Kühlschrank fest werden lassen. Auch etwas Schokolade auf die Oberseite der Torte träufeln und bei Raumtemperatur oder im Kühlschrank fest werden lassen.

Einen Spritzbeutel mit Sterntülle mit der restlichen Buttercreme füllen und damit Rosetten auf die Torte spritzen. Jede Rosette mit einer Haselnuss dekorieren, die Torte in Stücke schneiden und servieren. Eure Gäste werden von der wunderschönen Torte hingerissen sein – versprochen!

Mandarinen-Creme-Kuchen

Zutaten

Ergibt 10–12 Stücke

Für die Böden

- etwas Butter (zum Einfetten)
- 400 g Weizenmehl Type 405
- 2 EL Backpulver
- 4 große Bio-Eier
- 265 g Kristallzucker
- 2 TL Vanillepaste (oder Vanilleextrakt) von echter Vanille
- 400 ml Konditorsahne (36 % Fett), gekühlt
- Schale von 2 Bio-Mandarinen, fein abgerieben
- Schale von 1 Bio-Zitrone, fein abgerieben

Für die Mandarinen-Creme

- 6 große Bio-Eigelb
- 120 g Kristallzucker
- 120 ml Bio-Mandarinensaft, frisch gepresst
- 3 TL Bio-Mandarinenschale, fein abgerieben
- 1 EL Bio-Maisstärke
- 85 g Butter, gekühlt und gewürfelt

Für die Crème Chantilly

- 500 ml gekühlte Konditorsahne (36 % Fett)
- 3 EL Puderzucker

Zum Dekorieren

- weiße Schokoladenspäne
- Bio-Mandarinen, geschält
- Blattgold (optional)

Der Geschmack und Duft von Zitrusfrüchten ist wirklich etwas ganz Besonderes. Ich erinnere mich noch an unsere Weihnachten auf dem Lande und an meinen Onkel, der nach den ausladenden Mittagessen nachmittags gerne ein oder zwei Mandarinen aß und die Schalen in den Kamin warf. Als Kind hasste ich diesen Geruch. Aber man wird ja erwachsen, und die Geschmäcker ändern sich. Was ich damals unerträglich fand, liebe ich heute über alles. Mandarinen sind saftig und erfrischend und sollten meiner Meinung nach viel häufiger in Rezepten verarbeitet werden – und nicht nur in Süßspeisen. Mit diesem Rezept wird der Bäcker oder die Bäckerin zum Helden der Feiertage!

Anleitung

Den Backofen auf 180 °C vorheizen. Zwei runde Backformen (20 cm Ø) mit etwas Butter einfetten und mit Backpapier auslegen.

Für die Böden Mehl und Backpulver in eine große Schüssel sieben.

Eier und Zucker in einer Schüssel mit dem Rührgerät (Schneebesenaufsatz) aufschlagen, bis sich das Volumen verdoppelt hat und die Masse sehr hell ist. Zuerst die Vanille unterrühren, dann behutsam die Mehl-Mischung unterheben.

Die Sahne in einer weiteren Schüssel mit dem Rührgerät (Schneebesenaufsatz) steif aufschlagen. Mit einer Teigspachtel unter den Teig heben, dann Mandarinen- und Zitronenabrieb unterziehen. Den Teig auf die vorbereiteten Formen verteilen und 40–45 Minuten im Ofen backen, bis an einem mittig eingestochenen Holzstäbchen keine Teigreste mehr haften bleiben. In den Formen abkühlen lassen, dann zum Auskühlen auf Kuchengitter stürzen.

Für die Mandarinen-Creme Eigelbe, Zucker, Mandarinensaft und -abrieb sowie Stärke in einem mittelgroßen Topf auf mittlerer Stufe erhitzen. Unter Rühren köcheln lassen, bis die Sauce andickt, dann vom Herd nehmen und die Butter einrühren. Mit Frischhaltefolie abdecken und im Kühlschrank auskühlen lassen.

Für die *Crème Chantilly* Sahne und Puderzucker in einer Schüssel mit dem Rührgerät (Schneebesenaufsatz) steif aufschlagen.

Einen Boden auf einem Tortenteller platzieren und gleichmäßig mit einer Schicht Mandarinen-Creme bestreichen. Den zweiten Boden darauflegen und die Torte rundum mit der *Crème Chantilly* überziehen. Mit weißen Schokoladenspänen, geschälten und ungeschälten Mandarinenstücken und optional mit Blattgold oder Bio-Tannenzweigen dekorieren. In Stücke schneiden und servieren.

Winterliche Kokostorte

Zutaten

Ergibt 12 Stücke

Für die Böden
- 380 g Weizenmehl Type 405
- 170 g Mandelmehl
- 4 TL Backpulver
- ½ TL Salz
- 340 g Butter, raumtemperiert
- 600 g Kristallzucker
- 6 große Bio-Eier
- 2 TL Vanillepaste (oder Vanilleextrakt) von echter Vanille
- 3 Tropfen natürlicher Mandelextrakt (optional)
- 360 ml Buttermilch, raumtemperiert

Für den Sirup
- 200 g Kristallzucker
- 200 ml Wasser
- 2 EL Rum (optional)

Für die Ganache-Füllung
- 200 g weiße Schokolade
- 250 ml Konditorsahne (36 % Fett)
- 250 g Mascarpone (möglichst fest)
- 100 ml Kokosmilch, gekühlt
- 50 g Kokosraspel
- 50 g gemahlene Mandeln

Zum Fertigstellen
- 500 ml Konditorsahne (36 % Fett)
- 1 EL Puderzucker
- 50 g Kokosraspel
- Kokospralinen

Falls es die Natur zu Weihnachten im Hinblick auf den Schnee nicht so gut mit uns meint, zaubern wir einfach ein süßes kleines Schneegestöber in Form dieser wundervoll weißen Kokostorte mit Mandeln und einem Hauch von Rum in unser Zuhause. Die perfekte Dekoration für dieses Tortenmeisterwerk sind natürlich die beliebten kugelrunden Kokospralinen einer berühmten italienischen Süßigkeitenmarke ... Also, los geht's!

Anleitung

Den Backofen auf 175 °C vorheizen. Zwei runde Backformen (20 cm Ø) mit Backspray einfetten und den Boden mit Backpapier auslegen.

Für die Böden Mehl, Mandelmehl, Backpulver und Salz in einer großen Schüssel vermischen.

Butter und Zucker in einer weiteren Schüssel mit dem Rührgerät (Flachrühreraufsatz) zu einer hellen, cremigen Masse verarbeiten. Ein Ei nach dem anderen einarbeiten. Nach jeder Zugabe den Teig von den Schüsselseiten nach unten schaben. Vanille und optional Mandelextrakt unterziehen. Dann abwechselnd Mehl-Mischung und Buttermilch in drei Portionen hinzufügen (mit Mehl starten und enden) und unterrühren. Den Teig auf die vorbereiteten Formen verteilen und etwa 40 Minuten im Ofen backen, bis an einem mittig eingestochenen Holzstäbchen keine Teigreste mehr haften bleiben. Die Böden 15 Minuten in den Formen abkühlen lassen, dann auf ein Kuchengitter stürzen und vollständig auskühlen lassen.

Für den Sirup Zucker, Wasser und optional Rum in einem Topf aufkochen. Vom Herd nehmen.

Für die *Ganache*-Füllung die weiße Schokolade in einer Bain-Marie oder in einer Metallschüssel, die über einem köchelnden Wasserbad platziert wird (der Schüsselboden darf das Wasser nicht berühren), schmelzen. Auf Raumtemperatur abkühlen lassen.

Die Sahne in einer Schüssel mit dem Rührgerät (Schneebesenaufsatz) steif aufschlagen.

Mascarpone, Kokosmilch, Kokosraspel und Mandeln in einer mittelgroßen Schüssel gründlich verrühren. Die abgekühlte flüssige Schokolade behutsam unterziehen. Die Schlagsahne vorsichtig und nur kurz unterheben.

Zum Fertigstellen einen der Böden auf einen Tortenteller legen. Die Oberseite des Bodens dünn abschneiden und entsorgen. Den Boden rundum mit dem Zuckersirup einpinseln und 3 Minuten durchziehen lassen. Die *Ganache*-Füllung gleichmäßig auf dem Boden verstreichen und den zweiten Boden darauflegen. Die Torte rundum dünn mit der restlichen Füllung bestreichen, um die Krümel des Bodens zu binden (Crumb Coat), und 20 Minuten in den Kühlschrank stellen.

Sahne und Puderzucker in einer Schüssel mit dem Rührgerät (Schneebesenaufsatz) steif aufschlagen. Die Torte mit einer Winkelpalette mit der Schlagsahne überziehen und mit einer Teigkarte glätten.

Die Kokosraspel in eine große Schüssel geben. Die Tortenplatte anheben, mittig auf eine Handfläche setzen und mit der freien Hand die Kokosraspel rundum an der Torte andrücken, bis diese ganz mit Raspeln bedeckt ist. Die restliche Sahne in einen Spritzbeutel mit Sterntülle füllen, Rosetten auf die Torte spritzen und diese mit Kokospralinen dekorieren. Bis zum Servieren in den Kühlschrank stellen.

Torta Cioccolato E Vino Rosso

ROTWEIN-SCHOKOLADEN-TORTE

Zutaten

Ergibt 12 Stücke

Für die Böden

- 400 g Weizenmehl Type 405, gesiebt
- 75 g ungesüßtes Kakaopulver
- 2 ½ TL Natron
- ¼ TL Backpulver
- ¼ TL Salz
- 500 g brauner Zucker
- 120 g Butter, raumtemperiert
- 100 ml Pflanzenöl
- 6 große Bio-Eier
- 2 TL Vanillepaste (oder Vanilleextrakt) von echter Vanille
- 350 ml vollmundiger Rotwein (z. B. Amarone della Valpolicella oder Niccoló V Riserva Colli di Luni Cantine Lunae)

Für die Schokoladen-Schmand-Buttercreme

- 180 g Butter, raumtemperiert
- 400 g Puderzucker, gesiebt (plus etwas Puderzucker extra bei Bedarf)
- 60 g ungesüßtes Kakaopulver
- 180 g Schmand, raumtemperiert
- 2 TL Vanillepaste (oder Vanilleextrakt) von echter Vanille

Was mir am Backen eindeutig am meisten Spaß macht, ist das Herumprobieren mit unterschiedlichen Texturen und Aromen. Ich weiß noch, wie ich als Kind zum ersten Mal Schokolade mit Chili gesehen habe. Was? Schokolade mit Chili? Ist das euer Ernst? Die kreative Kombination entpuppte sich aber als wirklich genialer Wurf! Schokolade ist eine wundervolle Zutat, die geradezu zum Experimentieren einlädt und unglaublich vielseitig einsetzbar ist. Auch zusammen mit Rotwein bildet sie ein unschlagbares Geschmacks-Dreamteam, das die Gäste garantiert ins Schwärmen bringen wird. Wichtig ist, einen vollmundigen Rotwein zu verwenden, denn dieser unterstreicht das Schokoladenaroma noch mehr. Weil der Alkohol beim Backen verfliegt, ist der Kuchen auch kindertauglich.

Anleitung

Für die Böden den Backofen auf 180 °C vorheizen. Zwei runde Backformen (20 cm Ø) mit Backspray einfetten und die Böden mit Backpapier auslegen.

Mehl, Kakao, Natron, Backpulver und Salz in eine große Schüssel sieben.

Brauenen Zucker, Butter und Pflanzenöl in einer Rührschüssel mit dem Rührgerät (Flachrühreraufsatz) cremig aufrühren. Eier und Vanille gründlich untermengen. Mehl-Mischung und Rotwein abwechselnd in drei Portionen hinzufügen und nach jeder Zugabe gründlich einarbeiten. Den Teig auf die vorbereiteten Formen verteilen und etwa 40 Minuten im Ofen backen, bis an einem mittig eingestochenen Holzstäbchen keine Teigreste mehr haften bleiben. Etwa 15 Minuten in den Formen abkühlen lassen, dann zum Auskühlen auf Kuchengitter stürzen.

Für die Schokoladen-Schmand-Buttercreme Butter, Puderzucker und Kakao in einer Rührschüssel mit dem Rührgerät (Flachrühreraufsatz) vermengen. Dann Schmand und Vanille hinzufügen und alles auf hoher Stufe zu einer glatten Creme verarbeiten. Falls die Creme zu weich ist, noch etwas mehr Puderzucker unterrühren.

Einen der Böden auf einem Tortenteller platzieren und mit einer Schicht Creme bestreichen. Den zweiten Boden darauflegen und die Torte rundum mit der verbliebenen Creme überziehen. Nach eigenen Vorlieben dekorieren. In Stücke schneiden und servieren.

Torta Verticale Alle Clementine

CLEMENTINEN-WICKELTORTE

Zutaten

Ergibt etwa 10 Stücke

Für die Ganache

- 775 g weiße Schokolade, gehackt
- 250 ml Konditorsahne (36 % Fett)

Für die Böden

- 250 g Weizenmehl Type 405
- 2 TL Backpulver
- ½ TL Salz
- 8 große Bio-Eier
- 300 g Kristallzucker
- 70 g Butter, zerlassen und abgekühlt
- 1 ½ TL Vanillepaste (oder Vanilleextrakt) von echter Vanille
- Schale von 1 Bio-Orange, fein abgerieben
- 350 g Clementinenmarmelade
- 200 g Puderzucker

Wäre es nicht toll, seine Gäste mit einer spektakulären Torte mit längs gestreiftem Anschnitt zu überraschen? Jeder, der weiß, wie sie gemacht wird, wird das Können bewundern, und die anderen werden die ungewohnte Optik bestaunen und begeistert sein. Ich habe mich hier auf recht einfache, aber hochwertige Bestandteile beschränkt, damit man sich ganz auf die Technik konzentrieren kann. Die Säure der Clementinen wird durch die Süße des weißen Ganache-Überzugs ausbalanciert. Diese Torte eignet sich für jede Gelegenheit und kann in Bezug auf die Aromen und Früchte einfach an die jeweilige Jahreszeit oder Saison angepasst werden. Strahlende Augen der Gäste sind einem in jedem Fall sicher!

Hinweis: Wer die Ganache einfärben will, sollte dafür zu 100 % natürliche Lebensmittelfarbe verwenden, die im Internethandel erhältlich ist.

Anleitung

Für die *Ganache* weiße Schokolade und Sahne in eine mittelgroße, mikrowellenfeste Schüssel geben und in Intervallen von 20 Sekunden schmelzen. Nach jedem Intervall umrühren. Alternativ die Sahne in einem Topf fast bis zum Siedepunkt erhitzen, über die weiße Schokolade gießen und diese unter Rühren schmelzen. Mit Frischhaltefolie abdecken und bei Raumtemperatur auskühlen lassen.

Für die Böden den Backofen auf 180 °C vorheizen. 2 Backbleche (33 cm × 45 cm) mit etwas Butter einfetten und mit Backpapier auslegen.

Mehl, Backpulver und Salz in eine mittelgroße Schüssel sieben.

Die Eier in einer Schüssel mit dem Rührgerät (Schneebesenaufsatz) aufschlagen, bis sie ihr Volumen verdreifacht haben. Den Zucker 3 Minuten unterrühren. Das Rührgerät auf mittlere Stufe stellen und die Butter in einem steten Strahl hieingießen. Vanille, Orangenabrieb und 1 EL von der Clementinenmarmelade unterrühren. Nach und nach die Mehl-Mischung hinzufügen und nur kurz einarbeiten. Den Teig gleichmäßig auf die Bleche verteilen und etwa 15 Minuten backen, bis die Ränder leicht golden gebräunt sind.

2 saubere Geschirrhandtücher auf der Arbeitsfläche ausbreiten und mit Puderzucker bestäuben.

Die gebackenen Böden jeweils auf ein Tuch stürzen, das Backpapier abziehen und die Böden mit Puderzucker bestäuben. Die Böden nacheinander an einer Querseite anheben und aufrollen. So fast bis auf Raumtemperatur abkühlen lassen.

Die Böden wieder auseinanderrollen und jeweils mit einer dünnen Schicht Marmelade bestreichen. Darauf eine dünne Schicht *Ganache* verteilen. Jeden Boden längs halbieren, sodass 4 Streifen entstehen. Einen Streifen von der Querseite aus aufrollen und senkrecht mittig auf einen Tortenteller stellen. Die übrigen Streifen nacheinander um die erste Rolle herumwickeln, bis eine große Tortenspirale entstanden ist. Diese rundum mit der restlichen *Ganache* überziehen. Falls die *Ganache* zu fest geworden ist, kann man sie in der Mikrowelle oder über einem Wasserbad vorsichtig anwärmen, bis sie wieder streichfähig ist.

Ganz nach Geschmack dekorieren.

Torta Di Natale E Compleanno Per Charis

WEIHNACHTS- UND GEBURTSTAGSTORTE FÜR CHARIS

Zutaten

Ergibt 12 Stücke

Für die Böden
- 300 g Weizenmehl Type 405, gesiebt
- 100 g Bio-Kartoffelstärke
- 2 EL Backpulver
- 260 g Kristallzucker
- 4 große Bio-Eier
- 2 TL Vanillepaste (oder Vanilleextrakt) von echter Vanille
- 400 ml Konditorsahne (36 % Fett)

Für die Schokoladen-Ganache
- 500 g Vollmilchschokolade-Chips (oder fein gehackte Vollmilchschokolade)
- 500 ml Konditorsahne (36 % Fett)

Für die Buttercreme
- 8 große Bio-Eiweiß
- 500 g Kristallzucker
- 1/4 TL Salz
- 1 TL Vanillepaste (oder Vanilleextrakt) von echter Vanille
- 680 g Butter, gewürfelt und raumtemperiert

Für das Baiser-Topping
- 4 große Bio-Eiweiß
- 100 g Kristallzucker
- ½ TL *Cream of tartar* (Kaliumbitartrat, reiner Weinstein ohne Beimischungen, im Onlinehandel erhältlich)
- 1 TL Vanillepaste (oder Vanilleextrakt) von echter Vanille

Zum Dekorieren
- *Vegane Marshmallows* (siehe Seite 102)

Diese Torte habe ich für meine liebe Freundin Charis kreiert, die am ersten Weihnachtstag Geburtstag hat. Wenn es gleich zwei Gründe zum Feiern gibt, muss es selbstverständlich eine Torte der Extraklasse sein – so wie diese hier. Sie ist geradezu ideal für einen besonderen Anlass und sollte den Mittelpunkt auf der festlich gedeckten Tafel bilden. Ich widme dieses Rezept allen, deren Geburtstag Jahr für Jahr im allgemeinen Weihnachtstrubel unterzugehen droht. Der Moment, in dem diese Torte aufgetischt wird, gehört euch ganz allein!

Anleitung

Für die Böden den Backofen auf 180 °C vorheizen. Zwei runde Backformen (20 cm Ø) mit etwas Butter einfetten und die Böden mit Backpapier auslegen.

Mehl, Stärke und Backpulver in eine große Schüssel sieben.

Zucker, Eier und Vanille in einer separaten Rührschüssel mit dem Rührgerät (Schneebesenaufsatz) auf hoher Stufe aufschlagen, bis sich das Volumen verdoppelt hat und eine helle Masse entstanden ist.

Die Konditorsahne in einer weiteren Schüssel mit dem Rührgerät aufschlagen.

Die Mehl-Mischung behutsam unter die Ei-Masse heben, dann die Schlagsahne unterheben. Den Teig auf die vorbereiteten Formen verteilen und 40–45 Minuten im Ofen backen, bis an einem mittig eingestochenen Holzstäbchen keine Teigreste mehr haften bleiben. Die Böden 15 Minuten in der Form abkühlen lassen, dann auf ein Kuchengitter stürzen und vollständig auskühlen lassen.

Für die Schokoladen-*Ganache* die Schokolade in eine hitzebeständige Schüssel geben. Die Konditorsahne in einem kleinen Topf sanft zum Köcheln bringen, über die Schokolade gießen und 30 Sekunden stehen lassen. Zu einer glatten, glänzenden Creme verrühren und bis zur Verwendung bei Raumtemperatur abkühlen.

Für die Buttercreme Eiweiße, Zucker und Salz in eine Metallschüssel geben und diese über einem leicht köchelnden Wasserbad platzieren. Unter ständigem Rühren mit einem Schneebesen auf 71 °C erhitzen, bis der Zucker vollständig aufgelöst ist.

Die Eiweiß-Mischung in eine Schüssel geben und mit dem Rührgerät (Schneebesenaufsatz) auf mittlerer bis hoher Stufe etwa 10 Minuten steif schlagen, bis die Schüssel sich kühl anfühlt. Die Vanille unterrühren. Zum Flachrühreraufsatz wechseln, den Motor auf kleine Stufe stellen und nach und nach die Butter einarbeiten. Weiterrühren, bis eine glänzende Buttercreme entstanden ist. Die Buttercreme im Kühlschrank fest werden lassen und derweil beginnen, die Torte zusammenzusetzen.

→

Hierfür entweder die zwei Böden zu einer Torte zusammensetzen oder jeden Boden horizontal halbieren, um eine Torte mit vier Schichten herzustellen. Die Böden wie gewünscht bearbeiten und einen der Böden auf einen Tortenteller legen. Einen Spritzbeutel mit etwas Buttercreme füllen und am Rand des Bodens einen Ring aufspritzen. Dieser verhindert, dass die *Ganache* herausläuft. Den Ring mit der *Ganache* füllen und den zweiten Boden darauflegen. So weiterverfahren, bis alle Böden verarbeitet sind, allerdings 200–250 g der *Ganache* für die Dekoration beiseitestellen. Die Torte rundum mit einer dünnen Schicht Buttercreme einstreichen, um die Krümel zu binden (Crumb Coat). Die Torte in den Kühlschrank stellen, bis die Buttercreme fest geworden ist, dann rundum mit der restlichen Buttercreme überziehen. Zurück in den Kühlschrank stellen und derweil das Baiser-Topping herstellen.

Für das Baiser-Topping Eiweiße, Zucker und *Cream of tartar* in eine Metallschüssel geben und diese über einem köchelnden Wasserbad platzieren. Unter ständigem Rühren mit einem Schneebesen auf 71 °C erhitzen, bis der Zucker

vollständig aufgelöst ist. Die Eiweiß-Mischung in eine Schüssel geben und mit dem Rührgerät (Schneebesenaufsatz) auf mittlerer bis hoher Stufe etwa 10 Minuten steif aufschlagen, bis die Schüssel sich kalt anfühlt. Die Vanille unterrühren und die Baiser-Masse beiseitestellen.

Falls die restliche Schokoladen-*Ganache* zu fest geworden ist, diese in der Mikrowelle leicht anwärmen, bis sie fließfähig ist. Sie sollte aber nicht so heiß sein, dass sie die Buttercreme zum Schmelzen bringt. Die Tortenkante mithilfe eines Löffels mit *Ganache* beträufeln und die *Ganache* an den Seiten herunterlaufen lassen. Die Torte dann mittig mit mehr *Ganache* beträufeln. Bei Raumtemperatur fest werden lassen.

Einen Spritzbeutel mit Sterntülle mit der Baiser-Masse füllen und damit Rosetten oder andere Formen auf die Torte spritzen. Diese anschließend vorsichtig mit einem Flambierbrenner anbräunen. Die Torte mit veganen Marshmallows dekorieren (nach Belieben ebenfalls anbräunen) und weitere Deko nach Wunsch hinzufügen. *Happy Birthday!*

Baked Alaska My Way

OMELETTE SURPRISE AUF MEINE ART

Ein berühmter amerikanischen Songklassiker besagt »Baby, it's cold outside«. Ich aber sage: »Baby, it's warm inside«, und nach dem weihnachtlichen Menü ist eine kleine Erfrischung eine feine Sache. Wie wäre es deshalb mit dieser herrlichen Eisbombe, in der drei verschiedene Eissorten kombiniert und in einer angeflämmten Baiserschicht serviert werden? Die Gäste werden große Augen machen und dieses Dessert nie wieder vergessen!

Als weiteres Plus habe ich dieses Rezept vereinfacht, damit man weniger Zeit in der Küche und stattdessen mehr Zeit mit seinen Lieben verbringen kann. Denn das ist an Weihnachten doch das Wichtigste! Es ist allerdings ein wenig Geduld gefragt, weil die Torte nach jedem Zubereitungsschritt 20 Minuten tiefgekühlt werden muss. Die Eiscremebasis lässt sich jedoch problemlos im Voraus herstellen und das Baiser dann kurz vor dem Servieren auftragen.

Hinweis: Für dieses Rezept benötigt man eine Metallschüssel oder einen Gefrierbehälter mit zwei Litern Fassungsvermögen. Baked Alaska wird eigentlich in einer Halbkugelform hergestellt, man kann aber auch mit anderen Gestaltungen experimentieren. Natürlich kann man die Eissorten auch variieren und verschiedene Geschmackskombinationen ausprobieren. Darüber hinaus wird ein Flambierbrenner benötigt, der meiner Meinung nach am besten geeignet ist, um Baiser anzubräunen. Ein Riesenspaß!

Zutaten

Ergibt 8 Stücke

Für den Eiskern

- 800 g Schokoladeneis, angetaut
- 600 g Stracciatellaeis, angetaut
- 600 g Pistazieneis, angetaut

Für das Baiser

- 4 große Bio-Eiweiß, raumtemperiert
- 100 g Kristallzucker
- 1 TL Vanillepaste (oder Mark von 1 Vanillestange)

Anleitung

Für den Eiskern eine Metall-Halbkugelform oder einen anderen Gefrierbehälter (2 l) mit Frischhaltefolie auskleiden und diese etwa 4 cm über den Rand hängen lassen. Das Schokoladeneis in einer gleichmäßigen Schicht an den Schüsselwänden bis zum Rand hinauf verstreichen und 20 Minuten im Tiefkühler fest werden lassen. Dann das Stracciatellaeis verstreichen, gefolgt vom Pistazieneis, und jede Schicht jeweils 20 Minuten im Tiefkühler gefrieren lassen. Die Eiscreme mit der überlappenden Frischhaltefolie abdecken und mindestens 4 Stunden oder besser noch über Nacht tiefkühlen.

Vor dem Servieren eine Tortenplatte in den Tiefkühler stellen und derweil das Baiser zubereiten.

Für das Baiser die Eiweiße in einer Rührschüssel mit dem Rührgerät (Schneebesenaufsatz) auf hoher Stufe schaumig aufschlagen. Nach und nach den Zucker in kleinen Portionen einarbeiten, dann die Vanille und alles auf hoher Stufe weiterschlagen, bis sich feste Spitzen bilden. Jetzt muss es schnell gehen. Die Schüssel aus dem Tiefkühler nehmen, die Frischhaltefolie oben aufklappen und daran ziehen, um das Eis aus der Schüssel zu lösen. Die Tortenplatte auf die Schüssel mit dem Eis legen und die Form samt Tortenplatte stürzen. Die Frischhaltefolie abziehen. Das Baiser mit einem Löffelrücken auf dem Eis verteilen und dabei ein Wellenmuster nach Wunsch kreieren. Das Baiser rasch und behutsam mit einem Flambierbrenner anbräunen, aber nicht zu dunkel werden lassen. Sofort servieren.

Schokoladentorte mit Stout

Zutaten

Ergibt 12 Stücke

Für den Kuchen

- 275 g Weizenmehl Type 405, gesiebt
- 2 ½ TL Natron
- ¼ TL Salz
- 300 g Butter
- 300 ml Stout-Bier, raumtemperiert
- 400 g Kristallzucker
- 100 g hochwertige Zartbitterschokolade (mindestens 65 % Kakaoanteil), geschmolzen
- 90 g ungesüßtes Kakaopulver
- 150 g Schmand
- 3 große Bio-Eier
- 1 ½ TL Vanillepaste (oder Vanilleextrakt) von echter Vanille

Für die Frischkäse-Creme

- 250 g Butter, raumtemperiert
- 500 g Doppelrahmfrischkäse
- 180 g Puderzucker, gesiebt
- 1 TL Vanillepaste (oder Vanilleextrakt) von echter Vanille

Zum Dekorieren

- Mohnsaat

Vielen Dank, Irland, für dieses wundervolle Rezept! Obwohl die Torte eigentlich nur am irischen St. Patrick's Day serviert wird, backe ich sie immer dann, wenn mir der Sinn nach einem reichhaltigen Seelentröster mit komplexen, intensiven Aromen steht. Und es könnte wirklich nicht besser sein: samtige Schokoladenböden, die mit Stout-Bier aromatisiert werden (ein wirklich unschlagbares Paar) und eine kontrastierende, vanillige Frischkäse-Buttercreme. Das erste Mal hörte ich von dieser Torte durch einen irischen Mitbewohner in London, der regelmäßig von dieser traditionellen Köstlichkeit schwärmte. Daraufhin betrieb ich ausgiebige Recherche und entwickelte schließlich meine eigene Version dieses Klassikers. Ich liebe die Kombination von Kuchen und Alkohol über alles! Und weil der Alkohol in diesem Rezept beim Backen vollständig verfliegt, ist es sogar kindertauglich!

Anleitung

Den Backofen auf 175 °C vorheizen und 2 runde Backformen (20 cm Ø) mit etwas Butter einfetten und mit Mehl ausstäuben.

Mehl, Natron und Salz in einer großen Schüssel mischen.

Butter und Stout in eine mikrowellengeeignete Schüssel geben und in der Mikrowelle vollständig schmelzen. Zucker, Schokolade und Kakao hinzufügen und unterrühren.

Schmand und Eier in einer separaten großen Schüssel mit dem Schneebesen glatt verrühren. Vanille und die Bier-Mischung einarbeiten. Danach die Mehl-Mischung untermengen.

Den Teig auf die vorbereiteten Formen verteilen und 45–50 Minuten im Ofen backen, bis an einem mittig eingestochenen Holzstäbchen keine Teigreste mehr haften bleiben. In den Formen abkühlen lassen, dann auf ein Kuchengitter stürzen.

Für die Frischkäse-Creme die Butter in einer Rührschüssel mit dem Rührgerät (Flachrühreraufsatz) glatt rühren. Den Doppelrahmfrischkäse hinzufügen und etwa 4 Minuten cremig aufrühren. Den Puderzucker unterrühren, bis eine glatte Masse entstanden ist. Schließlich die Vanille einarbeiten.

Einen der Böden auf einem Tortenteller platzieren und mit einer Schicht Creme bestreichen. Den zweiten Boden darauflegen und diesen auf der Oberseite ebenfalls mit Creme bestreichen. Mit Mohnsaat bestreuen und servieren.

Trifle Al Cioccolato E Arancia

SCHOKOLADEN-ORANGEN-TRIFLE

Zutaten

Ergibt etwa 8 Portionen

Für den Orangen-Vanille-Sirup

- 300 g Kristallzucker
- 300 ml Wasser
- 3 EL Orangenlikör (z. B. Grand Marnier)
- 1 TL Vanillepaste (oder Vanilleextrakt) von echter Vanille

Für den Orangen-Kuchen

- 320 g Weizenmehl Type 405
- 1 ½ TL Backpulver
- 6 große Bio-Eier
- 320 g Kristallzucker
- 300 g Butter, zerlassen und auf Raumtemperatur abgekühlt
- Schale und Saft von 2 großen Bio-Orangen, fein abgerieben und frisch gepresst
- 2 TL Vanillepaste (oder Vanilleextrakt) von echter Vanille
- 730 g hochwertige Orangenmarmelade

Für die Creme

- 60 g hochwertige Zartbitterschokolade (70 % Kakaoanteil), gehackt
- 60 g hochwertige Zartbitterschokolade (50 % Kakaoanteil), gehackt
- 720 ml Vollmilch
- 160 ml Konditorsahne (36 %)
- 3 große Bio-Eier
- 100 g Kristallzucker
- 60 g Bio-Maisstärke

Zum Fertigstellen

- 250 g Amaretti-Kekse (optional)
- 250 ml Konditorsahne (36 %)
- 120 g Schokoladenspäne oder -Chips

Wer wie ich ein Fan der Fernsehserie »Friends« ist, erinnert sich bestimmt an das englische Trifle, das Rachel in einer Thanksgiving-Folge zubereitet hat. Weil zwei Seiten ihres Kochbuches zusammenklebten, kreierte sie versehentlich eine Mischung aus Trifle und Sheperd's Pie. Sehr lustig! Auch mein Rezept ist nicht original englisch, dafür aber schön üppig und lecker. Für mich ist ein Trifle der Inbegriff von Festtagsstimmung, und deshalb ist Weihnachten die perfekte Gelegenheit, um es zuzubereiten!

Anleitung

Für den Orangen-Vanille-Sirup Zucker und Wasser in einem mittelgroßen Topf auf mittlerer Stufe erhitzen, bis der Zucker vollständig aufgelöst ist und das Wasser leicht zu köcheln beginnt. Vom Herd nehmen, Orangenlikör und Vanille unterrühren. Bei Raumtemperatur abkühlen lassen.

Für den Orangen-Kuchen den Backofen auf 180 °C vorheizen. Eine Kastenform (0,4 l) mit etwas Butter einfetten und mit Backpapier auslegen.

Mehl und Backpulver in eine große Schüssel sieben.

Eier und Zucker in einer separaten Rührschüssel mit dem Rührgerät (Schneebesenaufsatz) zu einer hellen Masse aufschlagen. Die Butter hinzufügen und behutsam unterziehen, ohne dem Teig seine Luftigkeit zu nehmen. Orangenschale und -saft sowie Vanille hinzufügen und behutsam unterrühren. Dann behutsam das Mehl unterheben. Mit dem Teigspachtel auch über den Boden schaben, um das Mehl vollständig einzuarbeiten. Den Teig in die vorbereitete Form füllen und 40–45 Minuten im Ofen backen, bis an einem mittig eingestochenen Holzstäbchen keine Teigreste mehr haften bleiben. Auf einem Kuchengitter in der Form vollständig auskühlen lassen, dann in Scheiben schneiden. Die Scheiben auf einem Backblech verteilen und durch Beträufeln oder Einpinseln mit dem Orangen-Vanille-Sirup tränken. Dann jede Scheibe großzügig mit Orangenmarmelade bestreichen.

Für die Creme beide Schokoladensorten in eine mittelgroße Schüssel geben.

Milch und Sahne in einem großen Topf sanft zum Köcheln bringen. In einer separaten Schüssel Eier, Zucker und Stärke glatt verrühren. Nach und nach sowie unter ständigem Rühren die heiße Milch-Sahne-Mischung dazugießen. Alles in den Topf geben und bei geringer/mittlerer Hitze unter ständigem Rühren eindicken lassen. Über die Schokoladen-Mischung gießen und diese durch Rühren vollständig schmelzen. Die Creme durch ein Sieb abseihen, mit Frischhaltefolie abdecken und mindestens 2 Stunden, besser aber über Nacht im Kühlschrank fest werden lassen.

Zum Fertigstellen in einer Glasschüssel (2,5 l) am Boden eine Schicht Kuchenscheiben verteilen. Darauf eine Schicht Schokoladen-Creme verteilen und optional mit ein paar zerbröselten Amaretti bestreuen. Auf diese Weise weitere Schichten herstellen. Zwei Schichten genügen eigentlich, aber ich empfehle, die Schüssel bis zum Rand zu füllen. Einige Stunden in den Kühlschrank stellen (man kann das *Trifle* auch im Voraus zubereiten und über Nacht durchziehen lassen).

Die Sahne steif schlagen und auf dem *Trifle* auftürmen. Mit Schokospänen und Amaretti dekorieren und servieren.

Biancomangiare all'Amaretto

MANDELSULZ MIT AMARETTO

Ich hatte schon immer ein Faible für Pudding, in jeglicher Form: Schokoladenpudding, Vanilepudding, Panna cotta, englische Puddings und so weiter. Ich bereite Pudding immer wieder gerne zu und werde das vermutlich noch bis an mein Lebensende tun. Es lebe der Pudding!

Dank der wunderschönen Form, die ich hier verwendet habe (Kopie einer viktorianischen Wackelpuddingform), ist diese Mandelsulz eine ganz besondere Augenweide. Es handelt sich allerdings auch um ein ganz besonderes Rezept. Der »Biancomangiare« (weiße Speise) entstand vermutlich im Mittelalter und stammte ursprünglich aus dem Nahen Osten. Dennoch sind die Italiener felsenfest davon überzeugt, Erfinder des Originalrezepts zu sein. Frankreich hat ebenfalls eine eigene Version, die sich »Blanc manger« nennt und auch in Deutschland sehr bekannt ist. Biancomangiare ist vor allem in Sizilien beliebt, kommt aber auch im Aostatal und in der Neapel-Region häufig auf den Tisch. Meine Version ist mit Amaretto verfeinert, doch in Italien stellt jeder Ort seinen weißen Pudding mit den jeweiligen Zutaten der Region wie Mandeln, Honig, Zimt oder sogar Zitrone her. Dieses wunderbare Rezept ist ideal für das Weihnachtsessen und auch bei Kindern sehr beliebt. Kein Wunder, er schmeckt ja auch wundervoll und ist weiß wie Schnee!

Zutaten

Ergibt 6 Portionen

- 180 g Kristallzucker
- 85 g Bio-Maisstärke
- 1 l Vollmilch
- 1 TL Vanillepaste (oder Vanilleextrakt) von echter Vanille
- 1 EL Amaretto-Likör
- frische Früchte (optional)

Anleitung

Zucker und Stärke in einen mittelgroßen Topf geben. Bei mittlerer Temperatur erhitzen und nach und nach mit einem Schneebesen die Milch unterrühren, um Klumpenbildung zu vermeiden. Langsam zum Kochen bringen und dann etwa 3 Minuten unter ständigem Rühren köcheln lassen, bis die Masse andickt. Vom Herd nehmen, dann Vanille und Amaretto unterrühren.

Eine mittelgroße Puddingform (oder 6 kleine *Ramequin*-Formen) unter kaltem Wasser abspülen und nicht abtrocknen – dadurch lässt sich der Pudding später leichter herauslösen.

Die heiße Puddingmasse auf die Form (oder die Formen) verteilen und bei Raumtemperatur fest werden lassen. Mindestens 3 Stunden in den Kühlschrank stellen. Man kann den Pudding auch 2 oder 3 Tage im Voraus zubereiten und im Kühlschrank lagern.

Zum Servieren auf eine Tortenplatte (oder auf Dessertteller) stürzen und optional mit frischen Früchten dekorieren.

Plätzchen, KLEINGEBÄCK & mehr

Ricciarelli Di Siena

MANDELKEKSE AUS SIENA

Zutaten

Ergibt 30–40 Kekse

Für den Sirup

- 100 g Zucker
- 40 ml Wassser

Für den Teig

- 400 g ganze Mandelkerne (mit brauner Haut)
- 270 g Zucker
- Schale von 1 großen Bio-Orange, fein abgerieben
- 30 g Weizenmehl Type 405
- ½ TL Mandelöl (oder natürlicher Mandelextrakt)
- 2 große Bio-Eiweiß
- bei Bedarf etwas Puderzucker (plus etwas Puderzucker extra zum Wälzen und Bestäuben)
- 30–40 (etwa 5 cm kleine) runde Oblatenpapiere (optional, wenn erhältlich)

Diese köstlichen Kekse stammen aus der toskanischen Stadt Siena und haben wie sie eine lange Geschichte. Einst wurden die »Ricciarelli« von Nonnen in Klöstern oder in Apotheken zubereitet – beides Orte, an denen damals außergewöhnliche Zutaten wie Mandeln verfügbar waren. Angeblich entstanden die Mandelkekse, als ein Soldat namens Ricciardetto della Gherardesca neuartige arabische Plätzchen nach Italien brachte. Diese entwickelten sich mit der Zeit zu dem, was wir heute als Ricciarelli kennen. In Italien werden sie gerne ganz am Ende eines Menüs gereicht, wenn alle andere Desserts schon serviert wurden, für gewöhnlich kombiniert mit einem Glas italienischem Muskateller oder süßem Likör.

Anleitung

Für den Sirup Zucker und Wasser in einem kleinen Topf ohne umzurühren aufkochen. Leicht abkühlen lassen.

Für den Teig Mandeln, 240 g des Zuckers und Orangenabrieb im Universalzerkleinerer mit der Pulsfunktion sehr fein zermahlen. In eine große Schüssel füllen und sorgfältig das Mehl untermischen.

Mandelöl und warmen (nicht zu heißen) Sirup in die Mandel-Mehl-Mischung gießen und von Hand mit einem Löffel untermengen. Weiterrühren, bis sich alle Zutaten zu einem Teig verbunden haben. Mit Frischhaltefolie abdecken und mindestens 12 Stunden, besser über Nacht, bei Raumtemperatur ruhen lassen.

Eiweiße und restliche 30 g Zucker in einer Schüssel mit dem Rührgerät (Schneebesenaufsatz) schaumig aufschlagen, zum Teig geben und von Hand untermengen, bis ein kompakter, fester Teig entstanden ist. Sollte der Teig an den Händen kleben, etwas Puderzucker einarbeiten. Den Teig von Hand zu einem Strang formen, in Frischhaltefolie einwickeln und bis zur Verwendung in den Kühlschrank legen.

Den Backofen auf 175 °C vorheizen und ein Backblech mit Backpapier auslegen.

Den Teig von Hand zu einem Zylinder mit 5 cm Durchmesser formen. Den Puderzucker auf einem Teller verteilen und den Zylinder darin wälzen. Den Zylinder dann quer in 1,25 cm dicke Scheiben schneiden. Jede Scheibe zu einem Oval in derselben Größe wie die Oblaten formen.

Die Oblaten auf dem vorbereiteten Backblech verteilen, auf jede Oblate ein Teigoval legen und behutsam flachdrücken. Mit reichlich Puderzucker bestäuben und etwa 10 Minuten im Ofen backen, bis die Kekse an den Rändern hellgolden gebräunt, innen aber noch hell und saftig sind. Auf dem Blech vollständig auskühlen lassen.

Weihnachtlicher Dampfpudding

Zutaten

Ergibt 6–8 Stücke

Für den Pudding
- 80 g Kaffeesahne (18 % Fett)
- Saft von 1 Bio-Zitrone, frisch gepresst
- 330 g Weizenmehl Type 405, gesiebt
- 2 TL Backpulver
- 350 g Butter, raumtemperiert
- 350 g Kristallzucker
- 2 TL Vanillepaste (oder Vanilleextrakt) von echter Vanille (oder Mark von 1 Vanillestange)
- Schale von 1 großen Bio-Orange, fein abgerieben
- 4 große Bio-Eier

Für die Portwein-Birnen
- 720 ml Ruby-Portwein
- 200 g Kristallzucker
- 2 Zimtstangen
- 3 Gewürznelken
- 2 Sternanis
- 2 TL Vanillepaste (oder Vanilleextrakt) von echter Vanille (oder Mark von 1 Vanillestange)
- Schale von 1 großen Bio-Orange, dünn abgehobelt
- 3 Boscs Flaschenbirnen (Kaiser Alexander), geschält und vom Blütenansatz befreit (aber mit Stiel)

»Hallo, eine Dampfwolke! Der Pudding war aus dem Kessel genommen. Ein Geruch, wie an einem Waschtag! Das war die Serviette. Ein Geruch wie in einem Speisehaus, mit einem Pastetenbäcker auf der einen und einer Wäscherin auf der andern Seite! Das war der Pudding. Nach einer halben Minute trat Mrs. Cratchit herein, aufgeregt, aber stolz lächelnd und vor sich den Pudding haltend, hart und fest wie eine gefleckte Kanonenkugel, in einem Viertelquart Rum flammend und in der Mitte mit der festlichen Stechpalme geschmückt.« Nicht nur in Großbritannien ist »Eine Weihnachtsgeschichte« von Charles Dickens ein beliebter Klassiker, auch mich versetzt sie jedes Jahr aufs Neue in Backlaune. Bei diesem Rezept handelt es sich aber nicht um den traditionellen englischen Feigenpudding, sondern um einen Dampfpudding, der deutlich unkomplizierter zuzubereiten ist. An Weihnachten ist dieser Pudding der absolute Star des Festessens!

Anleitung

Den Backofen auf 180 °C vorheizen und Wasser in einem Wasserkocher zum Kochen bringen. Eine Dampfpuddingform (2 l Inhalt) mit Backspray einfetten.

Sahne und Zitronensaft in einer kleinen Glasschale verquirlen. Abgedeckt bis zur Verwendung bei Raumtemperatur stehen lassen, damit die Sahne gerinnt.

Mehl und Backpulver in eine große Schüssel sieben.

Butter, Zucker, Vanille und Orangenabrieb in einer Rührschüssel mit dem Rührgerät (mit Flachrühreraufsatz) auf mittlerer Stufe luftig aufschlagen, – diese Masse duftet wunderbar! Teigreste an den Schüsselwänden herunterschaben. Ein Ei nach dem anderen auf mittlere Stufe gründlich einarbeiten. Die gesiebte Mehl-Mischung in drei Portionen hinzufügen und unterrühren, dann die geronnene Sahne hinzufügen. Den Teig abschließend noch einmal mit einer Teigspachtel umrühren, dann in die Puddingform füllen. Einen großen Topf mit einem Geschirrtuch auslegen. Die Puddingform verschließen und auf das Tuch stellen – auf diese Weise bleibt der Pudding im Ofen an seinem Platz. Den Topf mit kochendem Wasser füllen, bis die Form zur Hälfte im Wasser steht, und etwa 2 Stunden oder mehr (je nach Ofen) garen. Gegen Ende der Backzeit vorsichtig den Deckel der Puddingform abheben und mit einem Holzstäbchen testen, ob der Pudding fertig ist. Wenn nach dem Einstechen kein Teig am Spieß haften bleibt, ist der Pudding durchgebacken. Den Deckel wieder aufsetzen, den Topf samt Form vorsichtig aus dem Ofen nehmen und die Form im Topf belassen, bis das Wasser abgekühlt ist. Den Deckel der Form abnehmen und den Pudding auf einen Tortenteller stürzen.

Während der Pudding gart, die Portwein-Birnen zubereiten. Hierfür Port, Zucker, Zimt, Gewürznelken, Sternanis, Vanille und Orangenschale in einen großen Topf geben. Die Birnen in den Topf geben und bei mittlerer Temperatur etwa 15 Minuten garen, bis sie weich, aber noch nicht zerfallen sind. In der Flüssigkeit vollständig auskühlen lassen. Die Birnen vom Kerngehäuse befreien und auf einem Teller beiseitestellen.

Die Flüssigkeit abseihen (um Orangenschale und Gewürze zu entfernen) und zurück in den Topf geben. Bei mittlerer Temperatur aufkochen. Dann bei reduzierter Temperatur etwa 15 Minuten einköcheln, bis ein dickflüssiger Sirup entstanden ist. Die Birnen halbieren, auf dem Dampfpudding anrichten und mit dem warmen Sirup beträufeln. Sofort servieren.

Praline Al Mascarpone

MASCARPONE-PRALINEN

Zutaten

Ergibt etwa 40 Pralinen

- 400 g hochwertige Zartbitterschokolade (mindestens 65 % Kakaoanteil), fein gehackt
- 200 g fester Mascarpone
- ½ TL Likör (optional)

Zum Dekorieren
- 25 g ungesüßtes Kakaopulver
- 70 g Kokosraspel
- 50 g ungesalzene Pistazienkerne, fein zerstoßen
- 40 g Haselnusskerne, gehackt

Wer auf einer Weihnachtsfeier oder Silvesterparty echte Begeisterungsstürme ernten möchte, sollte diese wunderschönen Mascarpone-Pralinen servieren, die im Nu gemacht sind und geschmacklich unendlich variiert werden können. Auch in Bezug auf die Dekoration sind der Fantasie keine Grenzen gesetzt. Für echten Glamour kann man die Pralinen zum Beispiel in essbarem Goldpulver, Perlzucker oder Glitzerzucker wälzen. Ich mag es schlicht und etwas rustikal, daher verwende ich gehackte Pistazien und Haselnüsse sowie Kokosraspel und Kakaopulver. Ebenfalls sehr zu empfehlen ist ein Schuss Likör in der Pralinenmasse. Mein persönlicher Favorit ist der Himbeerlikör Chambord, aber hier zählt ganz der persönliche Geschmack! Das Formen der Pralinen macht übrigens auch Kindern sehr viel Spaß. Deshalb ist dieses Rezept perfekt als vorweihnachtliche Familienaktivität.

Anleitung

Die Zartbitterschokolade in einer Bain-Marie oder einer Metallschüssel, die über einem köchelnden Wasserbad platziert wird (der Schüsselboden darf das Wasser nicht berühren), unter gelegentlichem Rühren schmelzen.

Derweil den Mascarpone aus dem Kühlschrank nehmen und kurz glatt rühren.

Die geschmolzene Schokolade abkühlen lassen, bis sie sich nur noch warm anfühlt, und unter den Mascarpone heben. Für weitere Geschmacksrichtungen jetzt den Likör unterrühren. Wer mehrere verschiedene Liköre verwenden möchte, sollte die Schokoladenmasse in die entsprechende Anzahl Portionen aufteilen und einzeln aromatisieren. Mit Frischhaltefolie abdecken und etwa 2,5 Stunden im Kühlschrank fest werden lassen.

Die Masse mit angefeuchteten Händen zu Kugeln formen (12,5 g pro Kugel).

Kakaopulver, Kokosraspel, Pistazien und Haselnüsse auf separate Schälchen verteilen. Jede Kugel in einer der vier Zutaten wälzen und zum Servieren in kleine Pralinentütchen aus Papier legen. Wer die Pralinen im Voraus zubereiten möchte, sollte sie ohne die Dekoration über Nacht im Kühlschrank lagern. Erst kurz vor dem Servieren in den Zutaten wälzen, damit diese schön knackig bleiben.

Ich serviere diese Pralinen am liebsten auf einem schönen großen Silbertablett und lasse sie am Tisch herumreichen. Sie sind immer in Sekundenschnelle weggefuttert!

Biscotti Allo Zenzero

INGWERPLÄTZCHEN

Zutaten

Ergibt etwa 20 mittelgroße Plätzchen

- 2 EL frischer Ingwer, gerieben
- 3 EL Wasser
- 175 g Butter, raumtemperiert
- 60 g brauner Zucker
- 2 TL Vanillepaste (oder Vanilleextrakt) von echter Vanille
- 2 große Bio-Eigelb
- 300 g Weizenmehl Type 405
- 2 ½ TL Ingwerpulver
- 1 TL Zimtpulver
- 1/4 TL gemahlene Muskatnuss
- 3 Gewürznelken, zerstoßen

Bei diesem Rezept handelt es sich um eine ganz besondere Variante des Ingwerplätzchens mit einer buttrig-mürben Textur und einem tollen Aroma. Eigentlich bin ich gar kein so großer Fan von Ingwerplätzchen, doch in diese an Shortbread erinnernde Version habe ich mich sofort verliebt. Weil die Plätzchen recht fragil sind und schnell brechen, sollte man sie erst vom Backblech nehmen, wenn sie vollständig ausgekühlt sind.

Anleitung

Frischen Ingwer und Wasser in eine kleine Schüssel geben und 30 Minuten im Kühlschrank durchziehen lassen. Die Flüssigkeit durch ein Sieb in eine Tasse abgießen und beiseitestellen, den Ingwer entsorgen.

Butter und braunen Zucker in einer Rührschüssel mit dem Rührgerät (Flachrühreraufsatz) auf mittlerer Stufe zu einer hellen, luftigen Masse aufschlagen. Die Vanille hinzufügen, dann die Eigelbe nacheinander gründlich unterrühren.

Mehl, Ingwerpulver, Zimt, Muskat und Nelken in einer mittelgroßen Schüssel ver mischen.

Das Rührgerät auf kleine Stufe stellen und die Mehl-Mischung nach und nach vollständig in den Teig einarbeiten. Auch das Ingwerwasser nach und nach dazugießen und nur kurz unterrühren.

Den Teig auf eine leicht bemehlte Arbeitsfläche geben und mit einer Teigwalze etwa 4 mm dick ausrollen. In Frischhaltefolie wickeln und mindestens 4 Stunden, besser aber über Nacht, in den Kühlschrank geben.

Den Backofen auf 180 °C vorheizen und ein Backblech mit Backpapier auslegen.

Aus dem Teig die gewünschten Formen ausstechen oder ausschneiden und auf dem vorbereiteten Backblech verteilen. Je nach Größe der Plätzchen diese 10–12 Minuten im Ofen backen, bis sie hellgolden gebräunt sind.

Man kann die Plätzchen gut im Voraus zubereiten, denn sie halten sich in einem luftdicht verschlossenen Behälter bis zu 5 Tage.

Addormenta Suocere

GEBRANNTE MANDELN

Achtung!!!!! Dies ist eine hochgradig süchtig machende Leckerei! Ich weiß noch genau, wie gerne ich als Kind gebrannte Mandeln genascht habe, und ich liebe sie heute noch genauso. Im Italienischen nennt man sie »Addormenta suocere«, was so viel bedeutet wie die »schläfrige Schwiegermutter«, genauer gesagt, die »Schwiegermütter schläfrig machen«. Man gab die Süßigkeit den Schwiegermüttern, um sie ruhigzustellen – sie waren so sehr damit beschäftigt, die Zuckermandeln im Mund zergehen zu lassen, dass sie schwiegen, bis sie einschliefen. Oh, wie ich Traditionen und Legenden wie diese liebe!

Der Duft der Mandelpralinen ist einfach herrlich und weckt in mir Kindheitserinnerungen an Spielzeuge, Musik und frohe Weihnachtsfeste. Sie haben auch eine großartige Textur und ergeben ein hübsches Geschenk, wenn man sie in kleine Papiertüten verpackt. Ich liebe es, sie als eine wunderbare Überraschung am Ende eines Festmahls zu präsentieren, wenn alle um den Tisch versammelt sind und jede Minute des Zusammenseins genießen.

Zutaten

Ergibt 5 kleine Papiertüten voller Pralinen als Geschenk für 5 Personen

- 600 g ganze blanchierte Mandelkerne
- 500 g Kristallzucker
- 140 ml Wasser

Anleitung

Ein Backblech mit Backpapier auslegen.

Mandeln, Zucker und Wasser in einem mittelgroßen Topf (ohne Antihaftbeschichtung, da der Zucker sonst nicht richtig karamellisieren würde) bei mittlerer Temperatur erhitzen. Unter ständigem Rühren etwa 3 Minuten braten, bis die Mandeln vollständig mit Karamell überzogen sind und beginnen, eine schöne Bernsteinfarbe anzunehmen. Die Mandeln vorsichtig in einer gleichmäßigen Schicht auf dem vorbereiteten Backblech verteilen und vor dem Servieren vollständig abkühlen lassen.

Melissa's
Tea Room
& Cakes

Florentiner Plätzchen

Dekorieren macht Spaß, insbesondere zur Weihnachtszeit! Wir lieben es, Haus, Tisch und Christbaum festlich zu schmücken und eine feierliche, behagliche Stimmung zu kreieren. In diesem Zusammenhang kommen die köstlichen, knusprigen Karamellkekse namens Florentiner ins Spiel – sie sind zum Dekorieren nämlich ideal! Solange Florentiner noch warm sind, lassen sie sich in fast jede erdenkliche Form biegen und somit unglaublich vielseitig einsetzen. Man kann sie als Unterlage für eine Kugel Eiscreme verwenden oder den Lieblingskuchen damit dekorieren. Es ist auch eine tolle Idee, die Florentiner als Abschluss eines leckeren Essens – zum Beispiel des Weihnachtsmenüs – mit einem Glas Vin Santo zu servieren. Wer jetzt auf den Geschmack gekommen ist, kann die Rezeptmenge gerne verdoppeln, verdreifachen oder sogar vervierfachen.

Übrigens gebührt der Dank auch für dieses Rezept vermutlich der italienischen Prinzessin Caterina de' Medici, die von 1530 bis 1563 als Königin über Frankreich herrschte. Sie war eine für ihre Zeit moderne Frau und regte den Austausch von Rezepten zwischen Italien und Frankreich an. Auch die Florentiner gehörten hier dazu.

Zutaten

Ergibt 12 mittelgroße oder 24 kleine Taler

- 30 g Butter
- 30 g brauner Zucker
- 15 g Weizenmehl Type 405
- 30 g heller flüssiger Honig

Anleitung

Den Backofen auf 180 °C vorheizen und ein Backblech mit Backpapier oder einer Backmatte auslegen.

Butter, Zucker, Mehl und Honig in einem kleinen Topf bei geringer Hitze schmelzen lassen und glatt verrühren. Höchstens 10 Minuten abkühlen lassen, dann behutsam in einen Spritzbeutel oder eine Zuckergussflasche füllen. Große Tupfen von 3 cm Durchmesser auf das vorbereitete Backblech spritzen. Zwischen den Tupfen einen Abstand von 5 cm lassen.

8 Minuten im Ofen goldbraun backen, leicht abkühlen lassen und die noch warmen Florentiner in die gewünschte Form biegen. Man kann sie auch flach und rund belassen und zu Eiscreme oder Pudding servieren.

Vegane Marshmallows

Ich verwende in meinen Rezepten weder tierische Gelatine noch künstliche Farbstoffe, Zusatzstoffe oder Konservierungsmittel und lebe als Vegetarierin nach dem Motto: Was ich selbst nicht esse, verkaufe ich auch nicht! Es hat allerdings eine Weile gedauert, bis ich herausgefunden habe, wie ich bei bestimmten Rezepten – unter anderem bei Marshmallows – auch ohne die genannten Zutaten die gewünschte Textur, Konsistenz und Optik erreichen kann. Glücklicherweise gibt es aber viele Alternativen, sodass dieses wunderbar einfache Rezept entstand! Das Geheimnis ist Aquafaba – das Kochwasser von Dosen-Kichererbsen. Und weil Weihnachten ohne Marshmallows für mich einfach undenkbar wäre, konnte ich nicht anders und musste das Rezept unbedingt in dieses Buch mit aufnehmen! Außerdem lassen sich diese Marshmallows wunderbar verschenken. Man kann sie auch mit veganen Lebensmittelfarben oder gefriergetrocknetem Fruchtpulver einfärben und mit Kakao oder Instantkaffee-Granulat aromatisieren. Zudem sind sie die perfekte Dekoration für die Torta Di Natale E Compleanno Per Charis (siehe Seite 68).

Zutaten

Ergibt etwa 80 Marshmallows

- 250 ml Aquafaba (abgegossenes Wasser von 2 Dosen Kichererbsen)
- ½ TL *Cream of tartar* (Kaliumbitartrat, reiner Weinstein ohne Beimischungen, online erhältlich)
- 3 TL Vanillepaste (oder Vanilleextrakt) von echter Vanille
- 3 EL Agar-Agar-Pulver
- 500 ml Wasser
- 160 g Puderzucker (plus etwas Puderzucker extra zum Ausstäuben und Wälzen)

Anleitung

Zwei quadratische Backbleche (20 cm) mit Puderzucker ausstäuben.

Aquafaba und *Cream of tartar* in einer Schüssel mit dem Rührgerät (Schneebesenaufsatz) luftig aufschlagen. Die Vanille hinzufügen und alles etwa 10 Minuten weiterschlagen, bis die Masse feste Spitzen bildet.

Agar-Agar und Wasser in einem Topf aufkochen und etwa 3 Minuten unter ständigem Rühren köcheln lassen. Den Puderzucker hinzufügen und die Mischung unter ständigem Rühren (um ein Anbrennen zu verhindern) weitere 4 Minuten köcheln lassen, bis der Sirup eingedickt ist.

Das Rührgerät auf kleine Stufe stellen, den heißen Sirup in einem dünnen Strahl langsam in die Rührschüssel gießen und etwa 35 Sekunden verrühren. Die Masse auf die beiden Bleche verteilen und großzügig mit Puderzucker bestäuben. Bei Raumtemperatur mindestens 1 Stunde abkühlen lassen.

Den Backofen auf 130 °C vorheizen und ein Backblech mit Backpapier auslegen.

Die abgekühlte Masse in Quadrate oder andere Formen nach Wahl schneiden und in weiterem Puderzucker wälzen.

Den Ofen ausschalten, die Marshmallows auf dem Blech verteilen und 1 Stunde im warmen Ofen trocknen.

Calissons

MANDELKONFEKT MIT KANDIERTEN FRÜCHTEN

Zutaten

Ergibt etwa 40 Stück

Für die Calissons

- 250 g kandierte Melone
- 40 g Orangeat
- 30 g Zitronat
- 200 g Puderzucker
- 300 g Mandelmehl
- 2 EL Orangenblütenwasser
- 1 EL Aprikosenkonfitüre, passiert und klumpenfrei
- 2 Blatt Oblatenpapier (DIN A4 oder größer bei Bedarf)

Für die Eiweißspritzglasur (Royal Icing)

- 175 g Puderzucker
- 1 großes Bio-Eiweiß

Die Weihnachtsfeiertage sind zum Schlemmen da, und das nutze ich reichlich aus, denn aus irgendeinem Grund sehne ich mich in der Weihnachtszeit besonders nach Streicheleinheiten für Körper und Geist in Form von süßen Leckereien. Das französische Mandelkonfekt Calisson hat es mir im Speziellen angetan. Die verführerischen kleinen Happen in Form von Weberschiffchen werden aus Mandelmehl hergestellt, das ihnen eine marzipanähnliche Konsistenz verleiht. Sie sind unwiderstehlich und schmecken als Abschluss eines leckeren Menüs – kombiniert mit einem Glas Dessertwein – einfach umwerfend, die Gäste werden begeistert sein! Wer eine ungenutzte, schöne alte Keksdose im Schrank hat, kann sie mit Calissons füllen, ein hübsches Samtband darumbinden, und fertig ist das perfekte Geschenk!

Anleitung

Für die *Calissons* Melone, Orangeat und Zitronat im Universalzerkleinerer mit der Pulsfunktion zu einer feinen Paste zerhäckseln. In eine Rührschüssel füllen, den Puderzucker hinzufügen und mit dem Rührgerät (mit Flachrühreraufsatz) einarbeiten. Dann das Mandelmehl untermengen und das Orangenblütenwasser unterrühren.

Ein Blatt Backpapier auf eine Arbeitsfläche legen. Ein Backblech mit einem Blatt Oblatenpapier belegen und dieses hauchdünn mit Aprikosenkonfitüre bestreichen. Die *Calisson*-Masse auf dem Backpapier mit einer Teigwalze etwa 1,25 cm dick ausrollen, auf das Oblatenpapier legen und darauf achten, dass die Masse überall gut anhaftet. Nochmals mit einer hauchdünnen Schicht Aprikosenkonfitüre bestreichen und eine zweite Oblate darauflegen.

Aus diesem »Sandwich« mit einem ovalen *Calisson*-Ausstecher einzelne Formen ausstechen. Den Ausstecher nach 2–3 Anwendungen immer wieder säubern. Die Calissons 5 Minuten ruhen lassen.

Für die Eiweißspritzglasur Puderzucker und Eiweiß in einer Schüssel mit dem Rührgerät (Flachrühreraufsatz) verrühren, bis eine glatte, klumpenfreie, aber nicht zu flüssige Creme entstanden ist.

Die Creme mit einer kleinen Winkelpalette oder einem Spritzbeutel auf den *Calissons* verteilen, an den Seiten heruntergelaufene Creme entfernen. Die *Calissons* auf einer Servierplatte oder einem Silbertablett servieren – oder hübsch verpackt den Liebsten zu Weihnachten schenken. Luftdicht verschlossen sind sie bis zu 1 Woche haltbar.

Oscar
Marina

ra Duse
o intorno al mondo

Dekadente Schokoladenwürfel

Zutaten

Ergibt etwa 25 Stück

- 225 ml Konditorsahne (36 % Fett)
- 200 g hochwertige Zartbitterschokolade (mindestens 65 % Kakaoanteil), fein gehackt
- 140 g hochwertige Vollmilchschokolade, fein gehackt
- 15 g (1 EL) Butter
- 1 TL Haselnusslikör (z. B. Frangelico oder anderer Likör nach Wahl)
- ungesüßtes Kakaopulver (zum Dekorieren)

In der Weihnachtszeit dreht sich alles um die Zubereitung leckerer Speisen, das Dekorieren des Hauses, die Planung des Festes und das Besorgen und Verpacken der Geschenke. Wer in dieser geschäftigen Zeit nach einer süßen Köstlichkeit sucht, die einfach und schnell herzustellen ist, ist hiermit fündig geworden! Diese schmackhaften Schokoladenwürfel lassen sich hübsch verpackt wunderbar verschenken, sie wirken mit essbarem Glitzer bestreut aber auch auf einer Etagere sehr dekorativ. Man sollte allerdings nicht vergessen, die Beschenkten darauf hinzuweisen, dass Sahne enthalten ist und die Pralinen daher im Kühlschrank aufbewahrt werden sollten. Wer möchte, kann natürlich auch noch andere Aromazutaten nach Wahl hinzufügen!

Anleitung

Eine quadratische Backform (20 cm Seitenlänge) mit Backpapier auslegen und dieses gut am Boden und den Seiten andrücken. Es dürfen keine Falten zu sehen sein.

Die Konditorsahne in einem mittelgroßen Topf bei mittlerer bis geringer Temperatur sanft zum Köcheln bringen. Vom Herd nehmen, sobald erste Bläschen aufsteigen. Die beiden Schokoladensorten hinzufügen und 1 Minute warten, dann mit einem Teigschaber behutsam rühren, bis die Schokolade geschmolzen ist. Die Butter hinzufügen und schmelzen lassen. Die Masse mit einem Schneebesen noch einmal durchrühren und den Schneebesen dabei nicht anheben, um keine Luftbläschen einzuarbeiten. Abschließend den Likör unterziehen. Die Masse in die vorbereitete Form gießen und mindestens 4 Stunden, besser noch über Nacht, in den Tiefkühler stellen.

Vor dem Servieren die Schokoladenplatte auf ein Blatt Backpapier stürzen. Eine Kanne mit kochendem Wasser befüllen, ein langes Messer hineintauchen und dadurch kurz anwärmen. Die Klinge abtrocknen und die Schokolade damit in Quadrate schneiden. Die Klinge bei Bedarf immer wieder anwärmen und abtrocknen, um beim Schneiden glatte Kanten zu erzielen.

Das Kakaopulver in eine große Schüssel füllen und die Täfelchen darin wälzen. Auf einen hübschen Teller legen, einige Minuten fest werden lassen, dann servieren oder hübsch verpackt verschenken.

Springerle

Zutaten

Ergibt etwa 20 mittelgroße Plätzchen

- 5 große Bio-Eier, raumtemperiert
- 450 g Puderzucker
- 1 TL natürliches Anisöl (oder anderes natürliches Aroma nach Wahl)
- 750 g Weizenmehl Type 405 (480 g für den Teig und den Rest zum Bemehlen)

Hier habe ich mich an einem süddeutschen Weihnachtsklassiker versucht, den ich über alles liebe – Springerle! Ich möchte aber zwei Dinge vorweg klarstellen. Erstens: Ich habe einen Heidenrespekt vor der deutschen Backkunst. Und zweitens: Ich halte meine Rezepte niemals für besser als das Original. Nach ausgiebiger Recherche in deutschen Backbüchern habe ich diese vereinfachte Version des beliebten Anis-Gebäcks entwickelt, die, wie ich finde, fantastisch schmeckt. Springerle werden traditionell mit hübschen Mustern verziert, die man mithilfe von Modeln in den ausgerollten Teig drückt. Diese Model findet man in gut sortierten Haushaltswarenläden oder im Internet. Alternativ kann man auch die Unterseite eines antiken Wasserglases verwenden, die oft mit schönen Prägungen versehen sind. Vielleicht hat die Großmutter ja noch welche!

Anleitung

Zwei Bleche mit Backpapier auslegen.

Die Eier in einer Rührschüssel mit dem Rührgerät (Schneebesenaufsatz) aufschlagen, bis eine sehr helle Creme entstanden ist. Den Puderzucker in 3 Portionen gründlich einarbeiten, dann das Anisöl.

Den Flachrühreraufsatz an der Maschine anbringen und nach und nach auf kleiner Stufe das Mehl einarbeiten.

Den Teig auf einer gut bemehlten Arbeitsfläche zu einer Kugel formen und mit einer Teigwalze ausrollen – 1 cm dick für Standardmodel und 1,3 cm für tiefer geschnitzte Model.

Die Model bemehlen und fest in die Teigplatte drücken. Vor jeder erneuten Prägung die Model immer wieder neu bemehlen. Anschließend den geprägten Teig mit Keksausstechern nach Wahl in die gewünschte Form bringen.

Die Springerle auf den vorbereiteten Backblechen verteilen. (Falls man die Springerle als Weihnachstbaumdeko verwenden möchte, sollte man jetzt mit einer runden Spritzbeuteltülle je ein Loch für den Aufhänger in die Plätzchen stechen. Die Springerle gehen beim Backen noch auf, daher sollte man eine Tülle wählen, die zur Größe des Springerles passt). Die Plätzchen mit einem Geschirrtuch abdecken und bei Raumtemperatur mindestens 5 Stunden, besser noch über Nacht, trocknen lassen.

Den Backofen auf 180 °C vorheizen.

Kleine und mittelgroße Springerle 6–8 Minuten und große Springerle bis zu 12 Minuten backen. Sie sollten noch blass, am Boden aber goldgelb sein. In einem luftdicht verschlossenen Behälter halten sie sich mindestens 1 Woche.

Eggnog

EIERPUNSCH

Zutaten

Ergibt etwa 6 Portionen

- 3 große Bio-Eier
- 40 g Kristallzucker
- 1/4 TL Salz
- 480 ml Vollmilch
- 1 TL Vanilleextrakt (aus echter Vanille)
- 180 ml Whisky (z. B. Balvenie Caribbean Cask 14 Years Single Malt) oder Rum
- gemahlene Muskatnuss

Vielen Dank, Mr. Carl Joannessons für dieses geniale Rezept – wo auch immer Sie nun sein mögen! Die Erfindung des Eggnogs reicht bis ins Jahr 1700 zurück, als besagter Joannessons als Barkeeper ein wenig herumexperimentierte. Tja, aus Fehlern oder Missgeschicken entstehen manchmal geniale Dinge – ist das nicht ein sehr beruhigender Gedanke?

Man kann den Eggnog auf viele verschiedene Arten genießen, je nach Gusto. Er kann heiß, in Bechern, leicht warm, in einem schönen Glas oder kalt direkt aus dem Kühlschrank serviert werden. In jedem Fall sorgt eine Prise Muskatnuss darüber gestreut für zusätzlichen Geschmack!

Anleitung

Die Eier in einem mittelgroßen Topf verquirlen, dann Zucker und Salz unterrühren. 240 ml der Milch dazugießen und alles unter ständigem Rühren auf dem Herd bei geringer Temperatur etwa 8 Minuten sanft erhitzen, bis die Mischung leicht andickt. Die restlichen 240 ml Milch, die Vanille und den Whisky unterrühren. Vom Herd nehmen, in Gläser füllen und mit Muskat bestreuen. Eventuelle Reste mit Frischhaltefolie abdecken und über Nacht in den Kühlschrank stellen.

Sbrisolona di Mantova

MÜRBER MANDELKUCHEN AUS MANTUA

Zutaten

Ergibt 6 Portionen

- 200 g ganze blanchierte Mandelkerne
- 280 g Kristallzucker
- 260 g Weizenmehl Type 405 (plus etwas Mehl extra zum Ausstäuben)
- 250 g Maisgrieß (Polenta)
- 250 g Butter, gewürfelt und gut gekühlt (plus etwas Butter extra zum Einfetten)
- 1 Prise Salz
- 3 mittelgroße Bio-Eigelb
- Schale von 1 Bio-Zitrone, fein abgerieben
- 1 TL Vanillepaste (oder Vanilleextrakt) von echter Vanille
- 40 g ganze, unblanchierte Mandelkerne

Dieser Kuchen aus krümeligem Mandel-Mürbeteig erinnert eher an einen großen Keks und wurde um das Jahr 600 herum am Hof der Herzöge von Mantua erstmals erwähnt. Früher wurde das Gebäck »Drei-Tassen-Kuchen« genannt, weil es zu gleichen Teilen aus Mehl, Maisgrieß und Zucker bestand. Die Sbrisolona di Mantova wird niemals geschnitten, sondern in Stücke gebrochen und für den ultimativen Genuss gerne auch in Grappa getunkt. In Italien wird der Mandelkuchen am Ende eines Festessens genossen, nachdem die anderen Desserts serviert wurden. Keine Panik, falls der Kuchen beim Transport auf dem Tortenteller bricht – er ist sehr fragil, aber das muss genauso sein. Anstelle von Grappa kann man den Knusperkuchen auch mit einem Glas italienischem Muskateller, Persichetto (Pfirsichlikör), Vin Santo, Passito (Strohwein) oder Weinbrand genießen.

Anleitung

Den Backofen auf 180 °C vorheizen. Eine runde Backform (25 cm Ø) mit etwas Butter einfetten und mit Mehl ausstäuben.

Mandeln und 250 g des Zuckers im Universalzerkleinerer mit der Pulsfunktion mittelfein zerhäckseln. Zusammen mit Mehl, Maisgrieß, Butter und Salz in einer großen Schüssel vermengen.

Eigelbe, Zitronenabrieb und Vanille in einer kleinen Schüssel verquirlen. Zur Mandel-Zucker-Mehl-Mischung geben und sanft unterrühren. Den Teig in die vorbereitete Form füllen und dabei nicht andrücken oder zu gleichmäßig verteilen – er sollte seine streuselartige Textur behalten. Mit den restlichen 30 g Zucker und den unblanchierten Mandeln bestreuen und 45–50 Minuten im Ofen goldbraun backen. Vor dem Servieren abkühlen lassen.

Gianduiotto

NUGATPRALINE

Zutaten

Ergibt 1 große Praline oder 32 kleine Pralinen

- 400 g hochwertige Vollmilchschokolade
- 200 g hochwertiges Haselnussmus aus 100 % Haselnüssen*
- 1 Klacks geschlagene Sahne (optional)

*Reines Haselnussmus ist in manchen Bio-Läden erhältlich, es kann aber auch hochwertiger Haselnussaufstrich verwendet werden.

Dieses Rezept führt uns ins wunderschöne italienische Piemont, das für seine Haselnüsse und Schokolade in der ganzen Welt berühmt ist. Die Nugatpraline Gianduiotto besteht nur aus diesen beiden Zutaten, aber sie ist unvergleichlich lecker. Ich weiß noch genau, wie ich im Alter von fünf Jahren meinen allerersten Gianduiotto aß. Normalerweise bereitet man Gianduiotti in kleinen Förmchen zu, die im Onlinehandel erhältlich sind. Da sich in diesem Buch aber alles darum dreht, liebe Menschen um sich zu versammeln und Leckereien gemeinsam zu genießen, habe ich stattdessen eine große Form verwendet, um einen Riesen-Gianduiotto herzustellen, der auf der festlich gedeckten Tafel besonders viel hermacht. Kleine Gianduiotti sind perfekt, wenn man sich nach einem langen Arbeitstag etwas Gutes gönnen möchte. Denn das muss manchmal einfach sein …

Anleitung

200 g der Schokolade grob hacken und in einer Bain-Marie oder einer Metallschüssel, die über einem köchelnden Wasserbad platziert wird (der Schüsselboden darf das Wasser nicht berühren), schmelzen.

Die restlichen 200 g Schokolade fein hacken und behutsam unter die geschmolzene Schokolade rühren, bis sie ebenfalls geschmolzen ist und eventuelle Luftbläschen verschwunden sind. Das Haselnussmus hinzufügen und gut untermengen.

Die Masse in eine große *Gianduiotto*-Silikonform füllen oder auf kleine Silikonformen verteilen. Schokoladenspritzer an der Oberseite der Form/Formen entfernen, die Form mit Frischhaltefolie abdecken und die Masse bei Raumtemperatur über Nacht fest werden lassen.

Bei heißer Witterung die Praline in den Kühlschrank stellen. Sie sollte jedoch 30 Minuten vor dem Servieren Raumtemperatur annehmen. Nach Belieben mit etwas Schlagsahne servieren und dazu ein Glas Kaffeelikör genießen.

Torrone Al Cioccolato

SCHOKOLADEN-NUGAT

Zutaten

Reicht für mindestens 5 Personen

- 200 g ganze blanchierte Haselnusskerne
- 400 g Zartbitterschokolade (mindestens 70 % Kakaoanteil)
- 350 g Vollmilchschokolade
- 300 g weiße Schokolade
- 2 TL Haselnusslikör, z. B. Frangelico (optional, aber wärmstens empfohlen)
- 350 g hochwertige Nuss-Nugat-Creme

Wie beim Panettone und Pandoro scheiden sich auch beim Torrone (weißem Nugat) die Geister, wenn es um die Frage geht, ob die weiße Ursprungsversion mit Honig und Nüssen oder die modernere Variante mit dunkler Schokolade und bisweilen auch kandierten Früchten die bessere ist. Für mich ist das reine Geschmackssache! Wenn mich der Heißhunger auf Torrone packt, gönne ich mir meist einfach ein Stück von beiden Varianten – dann ist der Genuss perfekt! Man kann die Torrone-Masse übrigens auch in kleinen Silikonförmchen aushärten lassen und anschließend in hübsches Bonbonpapier einwickeln. Das ideale süße Mitbringsel!

Anleitung

Eine Kastenform (26,5 cm Länge) mit Backspray einfetten und mit Backpapier auslegen. Das Papier muss am Boden und an den Seiten vollständig anhaften – es dürfen keine Falten oder Luftblasen zu sehen sein.

Die Haselnüsse in einer großen Pfanne bei mittlerer Temperatur etwa 15 Minuten goldbraun rösten; dabei ab und zu an der Pfanne rütteln. Die Nüsse auf Raumtemperatur abkühlen lassen.

Die Zartbitterschokolade in einer Bain-Marie oder in einer Metallschüssel, die über einem köchelnden Wasserbad platziert wird (der Schüsselboden darf das Wasser nicht berühren), schmelzen. Das in der Form befindliche Backpapier mithilfe eines Backpinsels mit der geschmolzenen Schokolade einpinseln. 10–15 Minuten in den Kühlschrank stellen, bis die Zartbitterschokolade fest geworden ist. Diesen Schritt dreimal wiederholen, bis eine recht dicke Schokoladenschicht entstanden ist. Ein wenig dunkle Schokolade zum späteren Übergießen der Oberseite beiseitestellen.

Vollmilch- und weiße Schokolade in einer Bain-Marie oder in einer Metallschüssel, die über einem köchelnden Wasserbad platziert wird (der Schüsselboden darf das Wasser nicht berühren), vermischen und schmelzen. Nach Belieben Haselnusslikör unterziehen, dann die Nuss-Nugat-Creme hinzufügen und alles zu einer cremigen, glatten Masse verrühren. Die gerösteten Haselnüsse unterheben und die Masse in die Form gießen. Abschließend die verbliebene Zartbitterschokolade darübergießen und die Oberfläche mit einer Spachtel glätten. Abgedeckt mindestens 4 Stunden in den Kühlschrank stellen.

Den *Torrone* aus dem Kühlschrank nehmen und vor dem Servieren Raumtemperatur annehmen lassen.

Bonet

GEDÄMPFTE SCHOKOLADENTORTE

Zutaten

Ergibt 6 Portionen

- 300 g Kristallzucker
- 120 ml Wasser
- 300 ml Vollmilch
- 210 ml Sahne
- 1 ½ EL ungesüßtes Kakaopulver
- 65 g hochwertige Zartbitterschokolade (mindestens 65 % Kakaoanteil), gehackt
- 3 große Bio-Eier
- 1 TL Rum
- 150 g Amaretti-Kekse, grob gehackt

In meinem ersten Buch »Dolci, Tartes und zauberhafte Kuchen BACKEN« habe ich bereits vom tollen Restaurant Ottone I in Sarzana und seinen Inhabern Remo und Lucia berichtet. Jetzt muss ich Lucia nochmals die Ehre erweisen, denn bei ihr habe ich erstmals diesen fantastischen Dessertklassiker aus dem Piemont gegessen. Ihr Bonet ist einfach unwiderstehlich! Ohnehin bin ich ein absoluter Fan von Lucias Desserts. Dieses Rezept ist meine Version des Bonets und gleichzeitig eine Hommage an Lucia und ihre bekömmlichen, natürlichen, ungekünstelten und aufrichtigen Desserts. Genau so müssen Nachspeisen meiner Meinung nach sein! Ein Bonet zu Weihnachten ist wie ein Insalata Caprese im Sommer, also ein absolutes Muss!

Anleitung

Den Backofen auf 180 °C vorheizen.

In einem mittelgroßen Topf 250 g des Zuckers und das Wasser ohne umzurühren erhitzen, bis der Zucker aufgelöst ist und ein goldgelbes Karamell entstanden ist. Rasch in eine Kastenform (1 l) gießen und die Form schwenken, bis das Karamell die gesamte Innenfläche überzieht. Bei Raumtemperatur fest werden lassen.

Milch und Sahne in einem mittelgroßen Topf bei mittlerer Temperatur sanft erhitzen und den Kakao unterrühren, bis sich alles verbunden hat. Nun die Schokolade unterrühren, bis sie geschmolzen ist. Vom Herd nehmen.

Derweil Eier und die restlichen 50 g Zucker in einer Rührschüssel mit dem Rührgerät (Schneebesenaufsatz) auf mittlerer Stufe zu einer hellen, luftigen Creme aufschlagen.

Die warme Schoko-Sahne in die Creme gießen und verrühren, bis sie vollständig eingearbeitet ist. Rum und Amaretti hinzufügen und weiterschlagen, bis die Masse steif ist.

Die Masse in die Kastenform mit der Karamellschicht füllen und die Form in eine andere, etwas größere und tiefere Form stellen. Wasser in einem mittelgroßen Topf zum Kochen bringen. So viel kochendes Wasser in die größere Form gießen, bis die Kastenform zur Hälfte im Wasser steht, und sicherstellen, dass die Kastenform mittig in der größeren Form platziert ist. Beide Formen vorsichtig auf einem Rost in den Ofen schieben und die *Bonet* etwa 1 Stunde backen, bis sie fest geworden ist.

Die Kastenform aus der größeren Form herausheben und den *Bonet* mindestens 7 Stunden im Kühlschrank durchziehen und fest werden lassen.

Den Boden der Form mit einem Flammbierbrenner von unten kurz erhitzen, um das Karamell anzulösen (oder die Form etwa 2 Minuten in eine flache Schale mit kochend heißem Wasser stellen). Den *Bonet* aus der Form lösen, auf einen Tortenteller geben und servieren.

Marquise au Chocolat

SCHOKOLADEN-EISTORTE

Glutenfrei!

Zutaten

Ergibt 8–10 Stücke

- 350 g hochwertige Zartbitterschokolade (mindestens 65 % Kakaoanteil), fein gehackt
- 200 ml Crème double
- 170 g Butter, raumtemperiert
- 100 g Kristallzucker
- 4 superfrische große Bio-Eier, getrennt
- 1 TL Vanillepaste (oder Vanilleextrakt) von echter Vanille
- 1 ½ TL brauner Rum
- 1 TL ungesüßtes Kakaopulver

Diese geschmacklich raffinierte Schokoladen-Eistorte ist zwar sehr kalorienreich, aber auf jeden Fall eine Sünde wert. Für mich ist dieses Dessert perfekt für eine stilvolle Weihnachtsfeier mit Freunden, kurz bevor man sich auf den Weg zu seinen Eltern macht, um dort ein etwas traditionelleres Weihnachtsmenü zu genießen. Es ist ein einfaches, zugleich aber raffiniertes und leichtes Dessert, dessen Wurzeln französisch sind und bis ins Jahr 1761 zurückreichen. Angeblich wurde es nach Marie de Rabutin-Chantal, der Marquise de Sévigné, benannt, die Schokolade so sehr liebte, dass sie davon regelrecht besessen war. Ich liebe derartige Legenden, sie steigern für mich den Genuss dieses ohnehin schon großartigen Desserts. Also ausprobieren, diese Leckerei enttäuscht auf gar keinen Fall.

Hinweis: Da in diesem Rezept rohe Eier zum Einsatz kommen, müssen diese superfrisch oder pasteurisiert sein.

Anleitung

Eine Kastenform (30 × 11 × 7 cm) mit Frischhaltefolie auskleiden.

Die Zartbitterschokolade in einer Bain-Marie oder in einer Metallschüssel, die über einem köchelnden Wasserbad platziert wird (der Schüsselboden darf das Wasser nicht berühren), schmelzen. Die Crème double unterrühren und die Masse bei Raumtemperatur abkühlen lassen.

Butter und Zucker in einer Rührschüssel mit dem Rührgerät (Flachrühreraufsatz) zu einer hellen, luftigen Masse aufschlagen. Die Eigelbe einarbeiten, dann Schokoladencreme, Vanille und Rum unterrühren. Die Schokoladen-Mischung in eine große Schüssel füllen.

In einer weiteren Schüssel nun die Eiweiße mit dem Rührgerät (Schneebesenaufsatz) steif aufschlagen. Den Eischnee behutsam unter die Schokoladen-Mischung heben, dann alles in die vorbereitete Kastenform füllen, glatt verstreichen und mindestens 2 Stunden oder über Nacht ins Tiefkühlgerät stellen.

Die *Marquise au Chocolat* auf einen Tortenteller stürzen, mit Kakao bestäuben und mit Blattgold oder Früchten dekoriert servieren.

Mandorlaccio Di Altamura

MANDELKUCHEN AUS ALTAMURA

Zutaten

Ergibt etwa 8–10 Stücke

Für den Kuchen
- 500 g blanchierte Mandelkerne
- 225 g Kristallzucker
- 50 g Akazienhonig (oder anderer flüssiger Honig)
- Schale von 1 Bio-Zitrone, fein abgerieben
- Schale von 1 Bio-Orange, fein abgerieben
- 6 große Bio-Eier, getrennt
- 1 ½ TL Backpulver
- 1 Prise Salz

Zum Fertigstellen
- 200 g weiße Schokolade
- 200 g Mandelkrokant, zerkrümelt

Apulien wird für seine wundervollen Strände, den guten Wein, das köstliche Essen und das schöne Wetter geschätzt, doch in der Welt der Torten und Kuchen führt die Region eher ein Schattendasein. Sehr zu Unrecht, denn sie wartet mit zahlreichen traditionellen Backrezepten auf – und der Mandorlaccio Di Altamura ist eines davon. Der köstliche Mandelkuchen stammt vermutlich aus vorrömischer Zeit und wurde der Legende nach gebacken, um Mutter Erde und die jährliche Wiedergeburt der Natur zu feiern. Bis zum heutigen Tag ist in Apulien Weihnachten ohne den Mandorlaccio undenkbar! Dies ist meine Version.

Anleitung

Den Backofen auf 100 °C vorheizen. Ein Backblech mit Backpapier auslegen und eine Halbkugel-Backform (20 cm Ø) mit Backspray einfetten.

Die Mandeln gleichmäßig auf dem Blech verteilen und etwa 10 Minuten im Ofen rösten, dann im Universalzerkleinerer zusammen mit 2 EL des Zuckers fein zermahlen.

Die Ofentemperatur auf 180 °C erhöhen.

Honig sowie Zitronen- und Orangenabrieb in einem kleinen Topf verrühren und bei mittlerer Temperatur leicht erwärmen.

Eigelbe und die restlichen 200 g Zucker in einer Schüssel mit dem Rührgerät (Flachrühreraufsatz) auf hoher Stufe aufschlagen, bis eine helle Masse entstanden ist und das Volumen sich verdoppelt hat. Die warme Honig-Mischung, die zerkleinerten Mandeln und das Backpulver mit einer Teigspachtel verrühren.

In einer separaten Schüssel die Eiweiße mit dem Rührgerät (Schneebesenaufsatz) schaumig aufschlagen. Das Salz dazugeben und alles weiter aufschlagen, bis sich feste Spitzen bilden. Den Eischnee behutsam unter den Honig-Teig heben und die luftige Mischung in die vorbereitete Form füllen.

50–55 Minuten im Ofen backen. Nach 40 Minuten die Stäbchenprobe machen. Der Kuchen ist gar, wenn an einem Holzstäbchen, das man mittig in den Kuchen steckt, keine Teigreste haften bleiben. Etwa 20 Minuten in der Form abkühlen lassen, dann auf ein Kuchengitter stürzen.

Zum Fertigstellen die weiße Schokolade in einer Bain-Marie oder in einer Metallschüssel, die über einem köchelnden Wasserbad platziert wird (der Schüsselboden darf das Wasser nicht berühren), schmelzen. Den Kuchen vollständig mit der flüssigen Schokolade überziehen und dann rundum mit Krokantsplittern verzieren. Den Kuchen auf einen Tortenteller geben und vor dem Servieren mindestens 1 Stunde in den Kühlschrank stellen, bis die Glasur ausgehärtet ist.

Budino Di Ricotta Alla Romana

RICOTTA-PUDDING AUF RÖMISCHE ART

Zutaten

Ergibt 6–8 Stücke

- etwas weiche Butter (zum Einfetten der Form)
- 500 g sehr frischer Ricotta
- 5 große Bio-Eier (4 davon getrennt)
- 200 g Kristallzucker
- 40 g Weizenmehl Type 405, gesiebt (plus etwas Mehl extra zum Ausstäuben)
- 2 TL Vanillepaste (oder Vanilleextrakt) von echter Vanille
- 1 TL Zimtpulver
- 2 EL Rum
- 40 g Zitronat
- Schale von 1 Bio-Zitrone, fein abgerieben
- Puderzucker (zum Bestäuben)

In der Weihnachtszeit besitzt Rom sogar noch mehr Strahlkraft als sonst. Als Kind waren im Advent die Sonntagnachmittage meine absoluten Highlights, denn dann ging es auf der Suche nach Geschenken mit meiner Familie in die Innenstadt. Zwischendurch gönnten wir uns immer ein paar Maroni, die an einer Ecke der Piazza di Spagna über offenem Feuer geröstet und in Papier eingewickelt verkauft wurden. Sie waren so heiß, dass ich mir beim Schälen buchstäblich die Finger verbrannte. Aber das war mir egal – nichts konnte mir einen solchen Tag verderben!

Natürlich war da auch der Weihnachtsmann, der mit seinem Schlitten die Via del Corso auf- und abfuhr und uns Kinder aufforderte, ihm zur Piazza Navona zu folgen, wo der alljährliche Weihnachtsmarkt stattfindet. Dort konnte man in Bonbons jeder Couleur schwelgen, heiße Schokolade trinken oder noch mehr geröstete Maroni essen. Außerdem gab es ein Karussell, Spielzeuge und Weihnachtslieder zum Zuhören und Mitsingen. Und über allem lag ein Duft von Zimt und Zuckerwatte.

Das Wichtigste an solchen Tagen war für mich jedoch, eine Scheibe »Budino Di Ricotta Alla Romana« zu ergattern. Dieser traditionelle römische Ricotta-Kuchen ist der König aller Desserts! Ich stellte mich vor den Backwarenstand und dachte darüber nach, wie schön Weihnachten doch war, während der einfache, aber unwiderstehliche Pudding mit Puderzucker bestäubt wurde. Das sah aus wie ein Schneegestöber in den Bergen! Ich sah meinen Vater flehend an und sagte: »Papà! Me ne compri una? Per piacere!!!« (»Papa! Kaufst du mir einen? Bitte!!!«)

Diese Erinnerung hat sich mir tief ins Gedächtnis eingebrannt und ist vielleicht der Grund dafür, dass ich Ricotta so liebe und ihn in meinen Rezepten so häufig einsetze. Ricotta gehört zu Rom wie ein Kind zu seiner Mutter, und deshalb habe ich dieses traditionelle Rezept in dieses Buch mit aufgenommen. Übrigens: Wenn man dieses Dessert mit einem italienischen Muskateller kombiniert, entsteht wahre Magie. Versprochen!

Hinweis: Ich mische für dieses Rezept meist Kuhmilch- und Schafsmilch-Ricotta zu gleichen Teilen. Weil Schafsmilch-Ricotta in manchen Regionen allerdings schwer erhältlich ist, kann man auch ausschließlich Kuhmilch-Ricotta verwenden. Wichtig ist hier aber, auf allerbeste Qualität zu achten. Den Unterschied schmeckt man!

Anleitung

Den Backofen auf 180 °C vorheizen. Eine Puddingform (1 l) oder eine andere Backform mit gleichem Fassungsvermögen (sogar eine Kastenform ist geeignet) mit Butter einfetten und mit Mehl ausstäuben.

Den Ricotta gut abtropfen lassen und in eine große Rührschüssel füllen. 1 ganzes Ei und 4 Eigelbe hinzufügen und alles gut verrühren. Danach Zucker, Mehl, Vanille, Zimt und Rum einarbeiten. Zitronat und Zitronenabrieb hinzufügen und unterheben.

Die 4 restlichen Eiweiße in einer separaten Rührschüssel mit dem Rührgerät (Schneebesenaufsatz) steif aufschlagen. Den Eischnee behutsam unter die Ricotta-Masse heben, damit der Teig seine Luftigkeit nicht verliert. Den Teig in die vorbereitete Form füllen und 40–45 Minuten im Ofen backen, bis er goldbraun ist. Den Pudding mindestens 30 Minuten in der Form abkühlen lassen, dann auf einen Tortenteller oder ein Kuchengitter stürzen. Den noch warmen *Budino* mit Puderzucker bestäuben und servieren. Reste halten sich gut eingepackt im Kühlschrank bis zu 2 Tage.

Torta Albero Di Natale

CHRISTBAUM-KUCHEN

Zutaten

Ergibt 6–8 Portionen

- 350 g Weizenmehl Type 405
- 250 g Mandelmehl
- 2 EL Backpulver
- ½ TL Salz
- 300 g Butter, raumtemperiert
- 300 g Zucker
- 2 EL Rum
- 2 TL Vanilleschotenpaste (oder reiner Vanilleextrakt)
- Schale von 2 Bio-Orangen, fein abgerieben
- 5 große Bio-Eier, raumtemperiert
- 115 ml Milch, raumtemperiert
- 200 g getrocknete Cranberrys
- 200 g Orangeat, grob gehackt
- Mandelblättchen
- Puderzucker (zum Bestäuben)

Bei dieser Art von Gebäck ist es sehr wichtig, den Teig nicht zu übermischen, sonst erhält man am Ende einen sehr zähen Kuchen, daher also nur so lange verrühren, bis alles grob verbunden ist. Und keine Sorge, wenn am Ende Mehlstreifen zu sehen sind, es wird gut funktionieren. Dieser Kuchen lässt sich leicht backen und ist dank der weihnachtsbaumförmigen Papierhülle dennoch schön anzusehen. Es macht Spaß, ihn zu backen, und er ist köstlich zu essen – was braucht man mehr?

Anleitung

Den Ofen auf 180°C vorheizen und eine Christbaum-förmige Papierform (900 ml) auf ein Backblech stellen.

Mehl, Mandelmehl, Backpulver und Salz in eine große Schüssel sieben.

In einer separaten Schüssel mit dem Rührgerät (Flachrühreraufsatz) Butter und Zucker hell und cremig aufschlagen. Rum, Vanille und Orangenabrieb unterrühren, bis die Creme sehr hell ist. Die Eier einzeln einarbeiten. Die Mehl-Mischung in 3 Portionen unterrühren, dann die Milch dazugeben und behutsam von Hand mit einem Teigschaber unterheben, dann Cranberrys und Orangeat.

Den Teig in die vorbereitete Form füllen und mit einer Spachtel verteilen. Mit Mandelblättchen bestreuen und etwa 45 Minuten im Ofen backen, bis ein in die Mitte des Kuchens gestecktes Holzstäbchen sauber wieder herauskommt.

Den Kuchen in der Form auskühlen lassen. Mit etwas Puderzucker bestäuben und mit einer Kugel Vanilleeis und einem Glas Brandy servieren. Ich esse ihn genau so und es schmeckt wunderbar!

Brandy Custard

SÜSSE WEINBRAND-SAUCE

Zutaten

Ergibt 6 Portionen

- 550 ml Vollmilch
- 180 g Kaffeesahne (18 % Fett)
- 4 große Bio-Eigelb
- 100 g Kristallzucker
- 1 ½ EL Bio-Maisstärke
- 60 ml Weinbrand

Ja, ich weiß – eine Sauce ist kein vollwertiges Dessert! Aber dieser wundervolle Brandy Custard hat sich mit seinem phänomenalen Geschmack trotzdem einen Platz in meinem Buch verdient. Zwar ist Weinbrand heutzutage als Drink nicht mehr übermäßig beliebt, er verleiht Backwaren jedoch einen wundervollen Geschmack, wie ich finde, sogar noch intensiver als Rum. Die Weinbrand-Sauce ist vielseitig einsetzbar und kann mit vielen Leckereien in diesem Buch kombiniert werden. Man kann sie warm zu Vanilleeis servieren oder Spekulatius hineinstippen – eine wirklich wunderbare Ergänzung in der Weihnachtszeit.

Anleitung

Milch und Sahne in einem mittelgroßen Topf auf mittlerer Stufe etwa 5 Minuten erhitzen, bis die Mischung leicht köchelt. Vom Herd nehmen und beiseitestellen.

Eigelbe, Zucker und Stärke in einer Schüssel mit dem Rührgerät zu einer glatten, hellen Masse aufschlagen und in die Milch-Sahne-Mischung gießen. Bei mittlerer Temperatur unter ständigem Rühren etwa 4 Minuten andicken lassen, aber nicht zum Kochen bringen. Vom Herd nehmen und den Weinbrand unterrühren. Mit Frischhaltefolie abdecken und bei Raumtemperatur leicht abkühlen lassen. Dann im Kühlschrank durchkühlen.

Zum Servieren die Sauce in einem mittelgroßen Topf bei mittlerer Temperatur erwärmen oder sie kalt genießen.

Il Mio Strudel Alla Ricotta E Cioccolato

SCHOKOLADEN-RICOTTA-STRUDEL

Zutaten

Ergibt 6 Portionen

Für den Teig
- 250 g Weizenmehl Type 405
- 1 großes Bio-Ei
- 90 ml Wasser, lauwarm
- 1 EL Pflanzenöl
- 1 Prise Salz
- 1 TL Weißweinessig

Für die Füllung
- 70 g Butter
- 2 Handvoll (50 g) Semmelbrösel
- 450 g Ricotta
- 90 g Kristallzucker
- 2 EL ungesüßtes Kakaopulver (plus etwas Kakaopulver extra zum Bestäuben)
- 120 g dunkle Schokoladen-Chips
- 1 EL Rum
- 1 TL Vanillepaste (oder Vanilleextrakt) von echter Vanille
- 120 g Amaretti-Kekse, grob zerstoßen

Zum Fertigstellen
- 3 EL Butter, zerlassen (zum Einpinseln)
- 1 Bio-Ei, verquirlt

Wie bitte? Ein Schokoladenstrudel? Ja, und er schmeckt wundervoll! Aber lasst mich erklären, wie es dazu kam. In der Zeit, als ich in Deutschland wohnte – und auch bei meinen häufigen Besuchen im Land –, wurde mir der beste Apfelstrudel der Welt serviert. Wie sollte ich den noch toppen? Deshalb habe ich mir ein Rezept ausgedacht, das eine Hommage an diesen Kuchenklassiker ist, die Tradition aber nicht wirklich antastet. Liebe deutsche Leserinnen und Leser, verzeiht mir meinen vorwitzigen Vorstoß in die mystische Welt des Strudels, doch ich liebe dieses Gebäck und finde, es sollte viel öfter gebacken werden. Das Original überlasse ich lieber den tollen deutschen Großmüttern und hoffe, dass ich eines Tages eine von ihnen kennenlernen und nach ihren Strudelgeheimnissen fragen kann. Bis dahin bleibe ich bei der schokoladigen Variante!

Anleitung

Für den Teig das Mehl in eine große Schüssel geben und mittig eine Mulde bilden. Ei, lauwarmes Wasser, Öl und Salz in die Mulde geben, dann den Essig hinzufügen und alles zu einem glatten Teig verkneten. Rasch arbeiten, damit das Ei aufgrund des Essigs nicht gerinnt. Den Teig in ein sauberes Geschirrtuch wickeln und etwa 30 Minuten bei Raumtemperatur ruhen lassen.

Den Backofen auf 180 °C vorheizen und ein Backblech mit Backpapier auslegen.

Für die Füllung die Butter in einem mittelgroßen Topf bei mittlerer Temperatur zerlassen. Die Semmelbrösel dazugeben und unter Umrühren goldbraun anrösten. Abkühlen lassen.

Ricotta, Zucker, Kakao und Schokoladen-Chips in einer großen Schüssel mit einer Teigspachtel verrühren. Rum und Vanille unterziehen, dann Semmelbrösel und Amaretti unterrühren.

Den Teig auf einem großen, leicht bemehlten Geschirrtuch mit einer Teigwalze zu einem sehr dünnen Rechteck ausrollen. Der Teig sollte am Ende fast durchscheinend sein. Je dünner der Teig ausgerollt wird, umso besser wird der Strudel. Wenn er zuvor gut geknetet wurde, ist diese Art von Teig sehr elastisch und reißt auch nicht.

Die Füllung mittig auf dem Teig verteilen und einen Rand frei lassen. Den Teig mithilfe des Geschirrtuchs anheben und von der Längsseite aus zu einem Strudel aufrollen. Die Teigkanten mit zerlassener Butter einpinseln und gut zusammendrücken, um den Strudel zu versiegeln. Vorsichtig anheben und auf das vorbereitete Blech legen. Den Strudel rundum mit der Eistreiche einpinseln – so entwickelt er beim Backen eine goldgelbe Kruste.

Den Strudel mit einem scharfen Messer dreimal einstechen, damit beim Backen Dampf entweichen kann, dann 40–45 Minuten im Ofen backen, bis er goldbraun ist. Auf Raumtemperatur abkühlen lassen, mit Kakaopulver bestäuben und optional mit Beeren dekorieren, damit er noch festlicher aussieht!

Torta Bonissima

SUPERLECKERE WALNUSSTARTE

Zutaten

Ergibt 8 Stücke

Für den Boden

- 340 g Butter, raumtemperiert (plus etwas Butter extra zum Einfetten)
- 280 g Kristallzucker
- Schale von 1 Bio-Zitrone, fein abgerieben
- 1 Prise Salz
- 1 TL Vanillepaste (oder Vanilleextrakt) von echter Vanille
- 2 große Bio-Eier
- 4 große Bio-Eigelb
- 600 g Weizenmehl Type 405 (plus 2 EL Mehl extra zum Ausstäuben)
- ½ TL Backpulver

Für die Füllung

- 400 g Walnusskerne, grob gehackt
- 400 g flüssiger Honig (z. B. Akazienhonig)
- 2 EL Rum

Für die Glasur

- 250 g hochwertige Zartbitterschokolade (mindestens 65 % Kakaoanteil)
- 2 TL Weißwein
- 2 EL Wasser
- Walnusskerne, fein gehackt

Bonissima bedeutet nichts anderes als »die allerbeste«, der Name geht auf einen Dialekt aus der italienischen Region Emilia-Romagna zurück. Genauer gesagt stammt die leckere Torte aus Modena, wo sie jedes Jahr zu Weihnachten gebacken wird. Eine Legende besagt, dass eine sehr reiche Adlige den Menschen in Modena während einer schlimmen Hungersnot Essen zur Verfügung stellte. Als die Hungersnot endete, lud sie die Menschen, die geholfen hatten, zu einem großen Fest ein. Sie widmete diesen Kuchen all denjenigen, die Tag für Tag großartige Arbeit geleistet hatten, um anderen zu helfen, und ließ zu Ehren dieser auch eine Statue in Modena aufstellen. Ich möchte dieses Rezept teilen, um allen hilfsbereiten Menschen meinen Respekt zu zollen. Denn darum geht es doch zu Weihnachten: um Liebe und Großzügigkeit.

Anleitung

Für den Boden Butter, Zucker, Zitronenabrieb, Salz und Vanille in einer Rührschüssel mit dem Rührgerät (Flachrühreraufsatz) cremig rühren. Ganze Eier und Eigelbe hinzufügen und gut einarbeiten. Dann Mehl und Backpulver unterrühren, bis sich ein Teig gebildet hat. Den Teig auf der Arbeitsfläche zu einer Kugel formen, in Frischhaltefolie einwickeln und mindestens 3 Stunden, besser noch über Nacht, im Kühlschrank ruhen lassen.

Für die Füllung Walnüsse mit Honig und Rum in eine große Schüssel geben und gut verrühren.

Den Backofen auf 180 °C vorheizen. Eine Tarteform mit abnehmbarem Boden (24 cm Ø) mit etwas Butter einfetten und mit Mehl ausstäuben.

Den Teig mit einem Messer in zwei Hälften schneiden und diese auf einer leicht bemehlten Arbeitsfläche mit einer Teigwalze zu zwei 3 mm dicken Kreisen ausrollen. Eine Teigscheibe vorsichtig um die Teigwalze wickeln und über der vorbereiteten Form auseinanderrollen. Den Teig am Boden und Rand der Form andrücken und überschüssigen Teig abschneiden. Die Walnuss-Füllung auf dem Boden verstreichen und mit dem zweiten Teigkreis abdecken. Den Teigrand nach innen falten, um eine erhabene Kante zu formen, den Teig behutsam andrücken, um die Füllung im Inneren zu versiegeln. Die Oberseite mit einer Gabel mehrfach einstechen, damit während des Backens Dampf entweichen kann. Etwa 40 Minuten im Ofen backen, bis der Teig goldgelb gebräunt ist. Dann völlig auskühlen lassen.

Für die Glasur die Schokolade zusammen mit Weißwein und Wasser in einer Bain-Marie oder einer Metallschüssel, die über einem köchelnden Wasserbad platziert wird (der Schüsselboden darf das Wasser nicht berühren), unter ständigem Rühren schmelzen. Die Glasur mittig auf der Tarte verteilen – sie sollte nicht an den Seiten herunterlaufen. Bei Raumtemperatur fest werden lassen, dann mit Walnüssen bestreuen.

Polvorónes

SPANISCHES SCHMALZGEBÄCK

Zutaten

Ergibt mindestens 20 Stück

- 125 g ganze blanchierte Mandelkerne
- 280 g Butter, raumtemperiert
- 500 g Weizenmehl Type 405
- 250 g Puderzucker (plus etwas Puderzucker extra zum Bestäuben)
- 1 ½ TL Zimtpulver
- 1 TL Vanillepaste (oder Vanilleextrakt) von echter Vanille

Dieses weihnachtliche Rezept führt uns ins schöne Spanien. Die Kekse haben eine ähnliche Textur wie die französischen Mürbeteigplätzchen Sablés, sie erinnern mich aber auch ein wenig an die italienischen Baci Di Dama (Damenküsse), köstliche Doppeldecker-Kekse mit Schokoladenfüllung. Eigentlich werden Polvorónes mit Schmalz zubereitet, doch da ich Vegetarierin bin, ersetze ich das Schmalz durch Butter. Weil die Polvorónes so köstlich sind, backe ich sie nicht nur zu Weihnachten, sondern das ganze Jahr über.

Anleitung

Den Ofen auf 160 °C vorheizen. 1 Backblech mit Backpapier auslegen.

Die Mandeln auf dem Blech verteilen und auf der untersten Schiene im Ofen in etwa 15 Minuten goldbraun rösten. Nicht zu dunkel werden lassen. Bei Raumtemperatur abkühlen lassen, dann im Universalzerkleinerer mit der Pulsfunktion mittelfein zerhäckseln.

Die Butter in einer Schüssel mit dem Rührgerät (Flachrühreraufsatz) cremig rühren. Mehl, Puderzucker, Zimt, Vanille und gehäckselte Mandeln hinzufügen und alles zu einem krümeligen Teig verarbeiten.

Den Teig zwischen 2 Lagen Backpapier legen und mit einer Teigwalze etwa 2 cm dick ausrollen. In Frischhaltefolie einwickeln und mindestens 3 Stunden im Kühlschrank ruhen lassen.

Mit runden Ausstechern (3–4 cm Ø) Kreise aus dem Teig ausstechen, auf dem Backblech verteilen und etwa 20 Minuten (je nach Dicke des Teiges) im Ofen backen, bis sie an den Rändern leicht golden gebräunt, in der Mitte aber noch hell sind. Aus dem Ofen nehmen und auf dem Blech belassen. Nicht berühren, bevor sie vollständig abgekühlt sind.

Mit Puderzucker bestäuben und servieren.

Kürbis-Gewürz-Kuchen

Zutaten

Ergibt 6–8 Stücke

- etwas Butter (zum Einfetten)
- 400 g Kürbisfruchtfleisch, grob gewürfelt
- 390 g Weizenmehl Type 405, gesiebt
- 2 TL Backpulver
- 1/4 TL Salz
- 4 große Bio-Eier, raumtemperiert
- 250 g Kristallzucker
- 100 ml Pflanzenöl
- 2 EL Rum
- 1 ½ TL Zimtpulver
- 1 TL Vanillepaste (oder Vanilleextrakt) von echter Vanille
- 120 g hochwertige dunkle Schokoladen-Chips
- Puderzucker (zum Dekorieren)

Ja, ich weiß, der Kürbis ist eigentlich ein Sinnbild für den Herbst. Doch ich finde, er sollte uns auch durch den Winter begleiten! Kürbisse sind hübsch anzusehen, vielseitig zu verarbeiten und lassen sich in tolle Deko-Ojekte verwandeln. Falls ich jemals ein Kochbuch schreiben sollte, werde ich darin auf jeden Fall mein Rezept für Kürbis-Champagner-Risotto veröffentlichen, das immer sehr gut ankommt! Doch zurück zu den weihnachtlichen Leckereien und zu meiner italienischen Version des amerikanischen Pumpkin Spice Cake. Er schmeckt köstlich zum Frühstück und ist eine tolle Alternative zu Panettone, Pandoro oder anderen Dessertkuchen. Bei der Dekoration sind der Fantasie keine Grenzen gesetzt – denkbar sind etwa frische oder getrocknete Cranberrys, Pinienkerne oder Zedernüsse.

Anleitung

Den Backofen auf 220 °C vorheizen und ein Backblech mit Backpapier auslegen. Eine Springform (23 cm Ø) mit Butter einfetten und mit Backpapier auslegen.

Die Kürbisstücke gleichmäßig auf dem Blech verteilen und 25–30 Minuten im Ofen rösten, bis sie gar sind. Im Universalzerkleinerer oder in einer Schüssel mit dem Stabmixer glatt pürieren.

Die Ofentemperatur auf 180 °C senken.

Mehl, Backpulver und Salz in einer großen Schüssel vermischen.

Eier und Zucker in einer separaten Schüssel mit dem Rührgerät (Schneebesenaufsatz) aufschlagen, bis sich das Volumen verdoppelt hat. Das Rührgerät auf kleine Stufe stellen und das Öl langsam in einem steten Strahl dazugießen. Dann Rum, Zimt und Vanille einarbeiten. Das Kürbispüree unterrühren, dann die Mehl-Mischung hinzufügen und von Hand nur kurz mit einem Teigschaber unterheben. Die Schokoladen-Chips unterheben, dann den Teig in die vorbereitete Form füllen und etwa 45 Minuten im Ofen backen, bis an einem mittig eingestochenen Holzstäbchen keine Teigreste mehr haften bleiben.

Den Kuchen bei Raumtemperatur abkühlen lassen, dann aus der Form lösen und auf einen Tortenteller geben. Mit Puderzucker bestäuben und ganz nach Gusto weiter dekorieren.

Champagner-Götterspeise

Zutaten

Ergibt 4 Gläser

- 1 Flasche (0,75 l) Rosé-Champagner
- 90 g klarer flüssiger Honig
- 2 TL Agar-Agar-Pulver
- frische Himbeeren (zum Dekorieren)
- Blattgold (optional, zum Dekorieren)

Zu Weihnachten muss man natürlich die Korken knallen lassen – am besten mit einem edlen Champagner! Der erlesene Schaumwein eignet sich jedoch nicht nur zum Anstoßen, man kann ihn auch in eine köstliche Götterspeise verwandeln und glamourös mit Blattgold dekorieren. Festlicher geht es kaum noch! Ich verwende hier Rosé-Champagner, aber normaler weißer Champagner oder ein hochwertiger Sekt sind natürlich ebenfalls geeignet. Weil ich zum Andicken Agar-Agar einsetze, ist das Rezept zudem vegetarisch.

Anleitung

Champagner und Honig in einem mittelgroßen Topf verrühren. Agar-Agar-Pulver hinzufügen und alles zum Kochen bringen. 1 Minute kochen lassen, dann durch ein Sieb in eine Schüssel abgießen, um eventuelle Klumpen zu entfernen. 1–2 Himbeeren in eine Sektflöte, einen Sektkelch oder ein Martiniglas geben. Mit der Götterspeise auffüllen und bei Raumtemperatur fest werden lassen. Entweder sofort genießen oder in den Kühlschrank stellen und gekühlt servieren. Mit weiteren Himbeeren und für echten Glamour optional mit Blattgold dekorieren.

Torta Chiffon Al Cacao

KAKAO-CHIFFON-KUCHEN

Glutenfrei!

Zutaten

Ergibt 12 Stücke

- 500 g Reismehl
- 240 g glutenfreie Weizenstärke (oder Bio-Maisstärke)
- 360 g Kristallzucker
- 125 g ungesüßtes Kakaopulver
- 2 TL Backpulver
- 1/4 TL Salz
- 8 große Bio-Eigelb
- 250 ml Bio-Sonnenblumenöl
- 2 TL Vanillepaste (oder Vanilleextrakt) von echter Vanille
- 500 ml Wasser, lauwarm
- 10 große Bio-Eiweiß, raumtemperiert
- ½ TL *Cream of tartar* (Kaliumbitartrat, reiner Weinstein ohne Beimischungen, im Onlinehandel erhältlich)

Ein gutes Stück Kuchen sollte sich jeder ab und zu mal gönnen. Insbesondere in der Weihnachtszeit, wenn alle in selbst gebackenen Leckereien und Plätzchen schwelgen. Leider müssen Menschen mit Glutenunverträglichkeit in dieser Zeit aber mit vielen Einschränkungen leben. Damit wirklich jeder Weihnachten in vollen Zügen genießen kann, habe ich diesen atemberaubend leckeren, glutenfreien Kuchen mit in mein Buch aufgenommen. Man sollte das Rezept als Grundlage betrachten, die man vielfältig abwandeln und an jeden Geschmack anpassen kann. Der Experimentierfreude sind hier keine Grenzen gesetzt – ich bin mir sicher, es werden wundervolle Kreationen gelingen!

Anleitung

Den Backofen auf 180 °C vorheizen. Eine Chiffon-Backform oder 2 runde Backformen (20 cm Ø) mit Backspray einfetten.

Reismehl, Stärke, 180 g des Zuckers, Kakaopulver, Backpulver und Salz in einer großen Schüssel vermischen. Eigelbe, Öl, Vanille und lauwarmes Wasser hinzufügen und alles mit dem Rührgerät (Flachrühreraufsatz) zu einem Teig verrühren. Dieser wird aufgrund des Reismehls recht zäh, das ist aber ganz normal.

Eiweiße und *Cream of tartar* in einer separaten Schüssel mit dem Rührgerät (Schneebesenaufsatz) schaumig aufschlagen. Die restlichen 180 g Zucker hinzufügen und alles zu einem steifen Baiser aufschlagen. Ein wenig Baiser auf mittlerer Stufe in den Teig in der anderen Schüssel einarbeiten. Dann das verbliebene Baiser mit einer Teigspachtel von Hand behutsam unterheben, um die Luftigkeit des Teiges zu bewahren.

Den Teig in die vorbereitete Form füllen und etwa 40 Minuten im Ofen backen, bis an einem mittig eingestochenen Holzstäbchen keine Teigreste mehr haften bleiben (wenn zwei Formen verwendet werden, verkürzt sich die Backzeit).

Den Kuchen in der Form abkühlen lassen, bis sich diese anfassen lässt, ohne dass man sich verbrennt, und zum vollständigen Auskühlen auf ein Kuchengitter stürzen. Ganz nach Gusto dekorieren und servieren.

Sherrykuchen mit Kardamom

Zutaten

Ergibt 8 Stücke

Für den Teig

- 195 g Weizenmehl Type 405, gesiebt (plus etwas Mehl extra zum Ausstäuben)
- 2 TL Backpulver
- 1 Prise Salz
- 100 ml Vollmilch
- Saft von 1 Bio-Zitrone, frisch gepresst
- 90 g Butter, raumtemperiert (plus etwas Butter extra zum Einfetten)
- 220 g Kristallzucker
- 3 große Bio-Eier
- 1 TL Vanillepaste (oder Vanilleextrakt) von echter Vanille
- 1 TL gemahlener Kardamom
- 150 ml Sherry

Für die Glasur

- 80 g Kristallzucker
- 60 ml Sherry
- 1 TL Vanilleextrakt von echter Vanille

Zum Garnieren

- etwas Puderzucker

Ich würde mich selbst als moderne Frau mit altmodischem Geschmack bezeichnen. Auf der einen Seite bin ich ein eingefleischter Technologie-Fan, auf der anderen habe ich aber ein Faible für Nostalgisches. Außerdem liebe ich es, alte Rezepte neu zu entdecken und in Vergessenheit geratene Zutaten aus ihrem Schattendasein zu befreien. Eine dieser Ingredienzen ist Sherry, der ähnlich wie Weinbrand heute leider kaum noch serviert wird. Früher tranken englische Ladys die aromatische Spirituose, wenn sie sich nach einem ausgiebigen Landspaziergang vor dem Kaminfeuer aufwärmten. Und die Gentlemen genossen traditionsgemäß nach dem Abendessen einen Brandy zur Zigarre und sprachen über Politik und das Leben. Ich finde das schön! Mit diesem Rezept möchte ich dazu inspirieren, den Sherry in Sachen Backabenteuer zu einer Hauptzutat zu machen! Ich bereite diesen Kuchen übrigens immer in einer Napfkuchenform zu, weil es für mich kaum etwas Weihnachtlicheres gibt, doch jede andere Backform ist ebenso geeignet – solange ein Liter Teig in ihr Platz findet.

Anleitung

Den Backofen auf 160 °C vorheizen. Eine Napfkuchenform (1 l) mit etwas Butter einfetten und mit Mehl ausstäuben.

Für den Teig zunächst Mehl, Backpulver und Salz in eine große Schüssel sieben.

Milch und Zitronensaft in einer kleinen Schale verquirlen.

Butter und Zucker in einer Rührschüssel mit dem Rührgerät (Flachrühreraufsatz) zu einer hellen, luftigen Masse aufschlagen. Eier, Vanille und Kardamom einarbeiten. Mehl- und Milch-Mischung in 3 Portionen hinzufügen (mit Mehl beginnen und enden) und nach jeder Zugabe gründlich unterrühren. Den Sherry von Hand mit einem Teigschaber unterziehen.

Den Teig in die vorbereitete Form füllen und etwa 1 Stunde im Ofen backen, bis an einem mittig eingestochenen Holzstäbchen keine Teigreste mehr haften bleiben. In der Form etwas abkühlen lassen und derweil die Glasur zubereiten.

Für die Glasur Zucker, Sherry und Vanilleextrakt in einem kleinen Topf bei mittlerer Temperatur erhitzen und köcheln lassen, bis der Zucker vollständig aufgelöst ist.

Den noch warmen Kuchen auf einen Tortenteller stürzen. Den Kuchen rundum mit der Glasur einpinseln und dann mit etwas Puderzucker bestäuben. In Stücke schneiden und servieren.

Torta Di Castagne E Cioccolato

MARONEN-SCHOKOLADEN-KUCHEN

Glutenfrei!

Zutaten

Ergibt 6–8 Stücke

- 125 g Butter, raumtemperiert
- 100 g hochwertige Zartbitterschokolade (mindestens 65 % Kakaoanteil)
- 4 große Bio-Eier, getrennt
- 500 g Maronenmus (oder Maronenkonfitüre)
- 1 EL Amaretto
- 1 ½ TL Vanilleextrakt von echter Vanille
- ¼ TL *Cream of tartar* (Kaliumbitartrat, reiner Weinstein ohne Beimischungen, im Onlinehandel erhältlich)
- *Marrons Glacés* (kandierte Maronen, zum Dekorieren)
- Schokoladenspäne (zum Dekorieren)
- Schlagsahne (optional)

»Chestnuts roasting on an open fire, Jack Frost nipping at your nose …« (Maronen rösten über offenem Feuer, Väterchen Frost zwickt dir in die Nase …), singt Nat King Cole, während ich dieses Rezept schreibe. Ich liebe Weihnachtslieder, denn durch sie erhält die Adventszeit noch mehr Zauber. Und weil Nat King Cole für mich der unbestrittene König der Christmas-Songs ist, musste natürlich auch ein Maronenkuchen mit ins Buch. Das Rezept ist nicht nur einfach und anfängertauglich, es ist außerdem noch glutenfrei! Mit diesem köstlichen Kuchen gibt es also für jeden süße Weihnachten!

Anleitung

Den Backofen auf 180 °C vorheizen und eine runde Backform (23 cm Ø) am Boden und an den Seiten mit Backpapier auslegen. Alternativ die Form mit glutenfreiem Backspray einfetten und nur den Boden mit Backpapier auslegen.

Butter und Schokolade in einer Bain-Marie oder einer Metallschüssel, die über einem köchelnden Wasserbad platziert wird (der Schüsselboden darf das Wasser nicht berühren), schmelzen. Bei Raumtemperatur abkühlen lassen, dann Eigelbe, Maronenmus, Amaretto und Vanille unterrühren.

Eiweiße und *Cream of tartar* in einer Rührschüssel mit dem Rührgerät (Schneebesenaufsatz) steif aufschlagen, dann behutsam mit einem Teigschaber unter die Schokoladen-Masse heben.

Den Teig in die vorbereitete Form füllen und 30–35 Minuten im Ofen backen, bis an einem mittig eingestochenen Holzstäbchen keine Teigreste mehr haften bleiben. Aus dem Ofen nehmen, nach 5 Minuten auf ein Kuchengitter stürzen und bei Raumtemperatur auskühlen lassen.

Auf einer Tortenplatte platzieren, mit *Marrons Glacés*, Schokoladenspänen und optional Schlagsahne dekorieren, in Stücke schneiden und servieren.

Pan D'Arancio

GESTÜRZTER ORANGENKUCHEN

Zutaten

Ergibt 8–10 Stücke

Für den Zitrus-Vanille-Saft

- Schale und Saft von 2 Bio-Orangen, fein abgerieben und frisch gepresst
- Schale und Saft von 2 Bio-Zitronen, fein abgerieben und frisch gepresst
- 1 TL Vanilleextrakt von echter Vanille

Für den Kuchen

- etwas Butter (zum Einfetten)
- 325 g Kristallzucker
- 1 Bio-Orange, in dünne Scheiben geschnitten
- 290 g Weizenmehl Type 405, gesiebt
- 1 EL Backpulver
- ½ TL Salz
- 5 große Bio-Eier
- 1 TL Vanilleextrakt von echter Vanille
- Schale von 1 großen Bio-Orange, fein abgerieben
- 1½ TL Orangenlikör, z. B. Grand Marnier (optional)
- 300 g Butter, zerlassen und auf Raumtemperatur abgekühlt

Zum Fertigstellen

- 150 g Orangenmarmelade, erhitzt und passiert, um Klumpen zu entfernen

Ich liebe diesen köstlichen gestürzten Kuchen und habe ihn »Pan D'Arancio« (Orangenbrot) genannt, weil ich für dieses Rezept zwei meiner Lieblingsrezepte miteinander verschmolzen habe: einen Orangen-Kastenkuchen (auf Englisch »Orange Loaf Bread«, also Orangenbrot) und einen gestürzten Kuchen. Ich bin von dem Resultat mehr als begeistert und hoffe, dass diese Leckerei auch anderen so gut schmecken wird wie mir! Wer in der Weihnachtszeit der allgegenwärtigen Orange etwas überdrüssig geworden ist, kann sie durch Zitronen ersetzen. Orangen eignen sich für dieses Rezept aber ganz besonders gut.

Anleitung

Für den Zitrus-Vanille-Saft Orangen- und Zitronenabrieb, Orangen- sowie Zitronensaft und Vanille in einer kleinen Schale vermischen und 30 Minuten bei Raumtemperatur durchziehen lassen.

Für den Kuchen den Backofen auf 160 °C vorheizen. Eine Springform (25 cm Ø) mit etwas Butter einfetten und den Boden mit Backpapier auslegen.

Das Backpapier mit ½ EL des Zuckers ausstreuen und die Orangenscheiben darauf verteilen. Einige Scheiben in kleine dreieckige Stücke schneiden, um später Lücken damit aufzufüllen. Anschließend die Orangenscheiben mit 1½ EL des Zuckers bestreuen.

Mehl, Backpulver und Salz in eine mittelgroße Schüssel sieben.

Eier und restlichen Zucker (300 g) in einer Rührschüssel mit dem Rührgerät (Schneebesenaufsatz) auf hoher Stufe aufschlagen, bis eine helle Masse entstanden ist, deren Volumen sich verdreifacht hat. Vanille, Orangenabrieb und nach Belieben Orangenlikör unterrühren. Das Rührgerät auf kleine Stufe stellen und die zerlassene, abgekühlte Butter langsam in einem steten Strahl zur Masse gießen. Den Zitrus-Vanille-Saft unterziehen, dann die Mehl-Mischung hinzufügen und nur kurz einarbeiten. Den Teig über den Orangenscheiben in der Form verteilen und alles etwa 45 Minuten im Ofen backen, bis an einem mittig eingestochenen Holzstäbchen keine Teigreste mehr haften bleiben.

Den Kuchen 15 Minuten in der Form abkühlen lassen, dann auf ein Kuchengitter stürzen.

Zum Fertigstellen den warmen Kuchen rundum mit der Orangenmarmelade bestreichen, auf eine Tortenplatte heben, in Stücke schneiden und servieren.

Orangen-Polenta-Kuchen

Glutenfrei!

Zutaten

Ergibt etwa 8 Stücke

Für den Kuchen

- 3 Bio-Orangen
- 175 g Mandelmehl
- 100 g Maisgrieß (Polenta)
- 1 EL (5 g) Backpulver
- 5 große Bio-Eier
- 250 g Kristallzucker
- 5 g Vanillepaste (oder Vanilleextrakt) von echter Vanille

Für den Orangen-Sirup

- 200 g Kristallzucker
- Saft von 4 Bio-Orangen, frisch gepresst
- 5 g Vanillepaste (oder Vanilleextrakt) von echter Vanille
- 40 ml Orangenlikör, z. B. Grand Marnier (optional)
- 60 ml Wasser

Zum Servieren

- essbare Rosenblütenblätter
- Orangeat
- Crème fraîche (oder Griechischer Joghurt)

Wenn ich diesen Kuchen in meinem Laden anbiete, geht er immer weg wie warme Semmeln! Er ist sehr saftig, hat ein wundervolles Orangenaroma und ist glutenfrei. Außerdem enthält er jede Menge Vitamin C. Ich gebe immer noch ein wenig Grand Marnier in den Sirup, man kann ihn aber auch problemlos weglassen. Mehr gibt es über diesen Kuchen nicht zu sagen – ich lasse ihn lieber für sich selbst sprechen!

Anleitung

Den Backofen auf 180 °C vorheizen und eine runde Backform (25 cm Ø) mit Backpapier auslegen.

Einen mittelgroßen Topf mit Wasser befüllen und dieses bei mittlerer Temperatur erhitzen. 2 der Orangen schälen, ins heiße Wasser geben, aufkochen und etwa 5 Minuten kochen, bis sie weich, aber noch nicht zerfallen sind. Die Orangen im Universalzerkleinerer oder mit einem Stabmixer fein pürieren, beiseitestellen und bei Raumtemperatur abkühlen lassen.

Mandelmehl, Maisgrieß und Backpulver in eine große Schüssel sieben.

Eier und Zucker in einer Rührschüssel mit dem Rührgerät (Schneebesenaufsatz) aufschlagen, bis sich das Volumen verdreifacht hat. Die Schale der restlichen Orange fein abreiben und unterrühren, zusammen mit der Vanille. Die Mehl-Mischung sehr behutsam von Hand mit einem Teigschaber unterheben. Abschließend die pürierten Orangen unterrühren.

Den Teig in die vorbereitete Form füllen und 35–40 Minuten im Ofen backen, bis an einem mittig eingestochenen Holzstäbchen keine Teigreste mehr haften bleiben.

Für den Orangen-Sirup Zucker, Orangensaft, Vanille, Orangenlikör (optional) sowie Wasser in einem kleinen Topf zum Kochen bringen und zu einem Sirup einköcheln. Bei Raumtemperatur abkühlen lassen.

Den noch warmen Kuchen in der Form mit dem Sirup übergießen und in der Form vollständig auskühlen lassen. Dann auf einen Tortenteller stürzen.

Zum Servieren den Kuchen mit Rosenblüten, Orangeat und einem Klacks Crème fraîche, Joghurt oder einer anderen leicht säuerlichen Creme anrichten.

Biscotti Di Natale Vegani

VEGANE VOLLKORNSPITZBUBEN

Vegan!

Zutaten

Ergibt 5 mittelgroße Doppeldecker

- 300 g Dinkelvollkornmehl (oder anderes veganes Mehl)
- 90 g Roh-Rohrzucker (oder anderer veganer Zucker)
- Schale von 1 Bio-Zitrone, fein abgerieben
- 1 TL Vanillepaste (oder Vanilleextrakt) von echter Vanille
- 1 TL Backpulver
- ½ TL Zimtpulver
- 1 Prise Salz
- 112 ml Bio-Pflanzenöl
- 60 ml (bei Bedarf mehr) ungesüßte Mandelmilch, gekühlt
- 250 g hochwertige vegane Himbeerkonfitüre, möglichst hausgemacht
- veganer Puderzucker (zum Bestäuben)

Dieses Rezept ist für all die lieben Veganer auf dieser Welt und auch für andere Plätzchenfans, denn es lässt sich gut als Basis verwenden und mit verschiedenen Geschmacksrichtungen abwandeln. Man sollte die Plätzchen möglichst einen Tag in Voraus zubereiten, denn dann haftet die Konfitüre besser. Alternativ kann man die Konfitüre durch vegane Nuss-Nugat-Creme ersetzen oder die Kekse nicht als Doppeldecker, sondern einzeln naschen. Und weil sich die Spitzbuben so gut abwandeln lassen, kann man sie das ganze Jahr über backen! Zudem lässt sich die Rezeptmenge problemlos verdoppeln oder verdreifachen, damit noch genügend köstliche Plätzchen für Freunde und Familie als Mitbringsel übrig sind.

Anleitung

Mehl, Roh-Rohrzucker, Zitronenabrieb, Vanille, Backpulver, Zimt und Salz in einer großen Schüssel vermischen. Öl und Mandelmilch hinzufügen und alles von Hand zu einem Teig verkneten. Ist der Teig zu trocken, vorsichtig nach und nach mehr Mandelmilch unterkneten. Den Teig in Frischhaltefolie einwickeln und 1 Stunde im Kühlschrank ruhen lassen.

Den Backofen auf 180 °C vorheizen und ein Backblech mit Backpapier auslegen.

Den Teig auf einer Arbeitsfläche zwischen 2 Lagen Backpapier mit einer Teigwalze 5 mm dick ausrollen und in zwei Hälften schneiden. Beide Teighälften anschließend 3 mm dick ausrollen. Mit einem Ausstecher nach Wahl insgesamt 10 Kekse aus dem Teig ausstechen und 5 der Kekse beiseitelegen. Mit einem kleineren Ausstecher in der gleichen oder einer anderen Form (Stern, Herz oder dergleichen) aus den 5 verbliebenen Keksen mittig ein Loch ausstechen. Alle Kekse auf dem Blech verteilen und 8–10 Minuten im Ofen backen, bis sie hellgolden gebräunt sind. Auf dem Blech vollständig auskühlen lassen.

Auf den Keksen ohne Loch etwas Konfitüre verstreichen, dann die Kekse mit dem Loch daraufsetzen. Die Spitzbuben mit veganem Puderzucker bestäuben und servieren.

Mostaccioli di Napoli

NEAPOLITANISCHE LEBKUCHEN

Diese weichen, rautenförmigen Leckereien aus Neapel erinnern ein wenig an Lebkuchen. Aromatisiert werden sie mit Pisto italiano, einer Gewürzmischung, die deutschem Lebkuchengewürz nicht unähnlich ist, und als i-Tüpfelchen sind sie mit köstlicher Schokolade überzogen. Die Geschichte der Mostaccioli reicht bis ins Mittelalter zurück. Damals bereitete man sie in der Vorweihnachtszeit zu, was noch heute in der Region üblich ist. Das Wort »mostaccioli« leitet sich übrigens vom lateinischen »mosto« (Weinmost) ab und verweist auf mazerierte Trauben, die ursprünglich eine der Ingredienzen waren. Weil diese Zutat heutzutage aber schwer erhältlich ist, wird in dieser modernen Version einfach darauf verzichtet – umwerfend lecker ist sie trotzdem. Mostaccioli di Napoli werden ab dem 8. Dezember gebacken, wenn traditionell die Weihnachtszeit eingeläutet wird. Sie sind recht lange haltbar und können deshalb auch im Voraus hergestellt werden. Hübsch eingepackt sind sie zudem ein köstliches Mitbringsel.

Zutaten

Ergibt 12–15 Stück

- 45 g Mandelkerne, gehackt
- 300 g Weizenmehl Type 405
- 100 g Kristallzucker
- 25 g ungesüßtes Kakaopulver
- 1 TL Natron
- 4 g *Pisto italiano* (oder gemahlene Gewürzmischung aus Zimtpulver, Koriander, Muskat und Gewürznelke)
- Schale von 1 großen Bio-Orange, fein abgerieben
- 3 EL Bio-Orangensaft, frisch gepresst
- 30 g heller flüssiger Honig
- 100 ml Wasser, raumtemperiert
- 400 g hochwertige Zartbitterschokolade (mindestens 65 % Kakaoanteil)

Anleitung

Den Backofen auf 150 °C vorheizen und 2 Backbleche mit Backpapier auslegen.

Die Mandeln gleichmäßig auf einem der vorbereiteten Bleche verteilen und 5–10 Minuten im Ofen rösten, bis sie aromatisch duften. Zum Abkühlen beiseitestellen.

Die Ofentemperatur auf 175 °C erhöhen.

Mehl, Zucker, Kakao, Natron, *Pisto italiano*, Orangenabrieb, Orangensaft, Honig und Wasser in einer Schüssel mit dem Rührgerät (Knethakenaufsatz) vermengen. Weiterkneten, bis sich ein Teig gebildet hat, der nicht mehr an den Schüsselseiten anhaftet. Anschließend den Teig zu einer Kugel formen, in Frischhaltefolie wickeln und 15–30 Minuten bei Raumtemperatur ruhen lassen.

Den Teig zwischen zwei Lagen Backpapier flach drücken, dann mit einer Teigwalze etwa 12 mm dick ausrollen. Mit einem Rautenausstecher oder einem Messer Formen nach Wunsch ausstechen/ausschneiden und auf dem zweiten Blech verteilen. 13–15 Minuten im vorgeheizten Ofen backen und auf dem Blech vollständig auskühlen lassen.

Die Schokolade in einer Bain-Marie oder in einer Metallschüssel, die über einem köchelnden Wasserbad platziert wird (der Schüsselboden darf das Wasser nicht berühren), schmelzen. Alternativ die Schokolade in Intervallen von 5 Sekunden in der Mikrowelle schmelzen.

Die Lebkuchen einzeln mit einer langen Küchenpinzette aufnehmen, in die Schokolade tauchen und diese auf einem Blatt Backpapier bei Raumtemperatur fest werden lassen. Eventuell überstehende Schokolade mit einem scharfen Messer abschneiden und die Lebkuchen auf einem Tortenteller servieren.

Espresso Freddo

ESPRESSO-MOUSSE

Zutaten

Ergibt 8 Portionen

- 4 superfrische große Bio-Eier
- 30 g Weizenmehl Type 405
- 2 TL Vanillepaste (oder Vanilleextrakt) von echter Vanille
- 1 TL Backpulver
- 1/4 TL Salz
- 80 ml Espresso, frisch gebrüht und dann abgekühlt
- 1 EL Kaffeelikör (z. B. Kahlúa)
- 500 ml Konditorsahne (36 % Fett)
- ungesüßtes Kakaopulver (zum Dekorieren, optional)
- ganze Kaffeebohnen (zum Dekorieren, optional)

Kaum ein Getränk ist weltweit so beliebt wie Kaffee. In Italien genießt man Espresso eigentlich zu jeder Tageszeit, vor allem im Anschluss an eine Mahlzeit. Wenn sich Freunde und Verwandte in der Weihnachtszeit um einen Tisch versammeln, erklingt im Hintergrund immer wieder das unverkennbare Zischen der Espressokanne, das an einen im Bahnhof einlaufenden Zug erinnert. Das ganze Haus ist dann erfüllt von wundervollem Kaffeeduft! Bei diesem Rezept wird der Espresso allerdings kalt serviert und kann mit etwas Grappa oder einem Likör nach Wahl noch weiter verfeinert werden. Wundervoll!

Anleitung

Eier, Mehl, Vanille, Backpulver und Salz in einer mittelgroßen Rührschüssel gründlich vermengen. Bis zur Verwendung abgedeckt in den Kühlschrank stellen.

Espresso und Kaffeelikör in einer Schale vermischen.

Die Sahne in einer Schüssel mit dem Rührgerät (Schneebesenaufsatz) steif aufschlagen. Die Schlagsahne behutsam unter die gekühlte Eimasse heben, dann die Espresso-Mischung unterziehen.

8 kleine Schalen oder Gläser mit der Espresso-Mousse füllen und mindestens 2 Stunden (aber nicht länger als 8 Stunden) in den Kühlschrank stellen.

Die Mousse schmeckt am besten, wenn sie am selben Tag serviert wird. Kurz vor dem Servieren optional mit Kakao bestäuben oder mit Kaffeebohnen dekorieren.

Weihnachtsbrote
& ANDERES
Gebäck

Brazadela

CANTUCCINI AUS DER EMILIA-ROMAGNA

Zutaten

Ergibt 10–12 Kekse

- 300 g Weizenmehl Type 405
- 150 g Kristallzucker
- 90 g Butter, fein gewürfelt und raumtemperiert
- 2 große Bio-Eier
- Schale von 1 Bio-Zitrone, fein abgerieben
- 1 TL Anislikör (optional)
- 1 ½ TL Backpulver
- ¼ TL Salz
- 1 EL Vollmilch (plus etwas mehr nach Bedarf und zum Einpinseln)
- Perlzucker (zum Dekorieren)

Dieses Rezept stammt aus Ferrara, einer Stadt in der Region Emilia-Romagna, und ist schon sehr alt. Vermutlich wurde es im Jahr 1250 als Leckerei entwickelt, die man zu Weihnachten oder anderen besonderen Anlässen reichte. Die Brazadela ist ein recht simples Gebäck. Zur Entstehungszeit war Schokolade sehr teuer, deshalb suchte man nach einer Möglichkeit, mit bescheidenen Mitteln etwas Außergewöhnliches zu kreieren. Der Name geht auf »braccio«, italienisch für »Arm«, zurück. Früher war die Brazadela ein Kringel, den die Verkäufer wie Reifen um die Arme trugen. Wer eine Brazadela kaufte, steckte danach seinen rechten Unterarm durch das Loch und schenkte sich mit der linken Hand den Wein ein. Ich finde es wirklich faszinierend, wie solche Bräuche entstehen und Jahrhunderte überdauern.

Anleitung

Den Backofen auf 180 °C vorheizen und ein Backblech mit Backpapier auslegen.

Das Mehl auf der Arbeitsfläche aufhäufen und mittig eine tiefe Mulde hineindrücken, die fast bis zur Arbeitsfläche hinabreicht (also einen dichten Wall aus Mehl schaffen, damit die Zutaten, die gleich in die Mulde gegeben werden, nicht herausschwappen können). Zucker, Butter, Eier, Zitronenabrieb, Anislikör (optional), Backpulver, Salz und Milch in die Mulde geben und von Hand oder mit einer Gabel verrühren. Dann langsam das Mehl aus dem Wall von außen nach innen einarbeiten. Sobald sich ein Teig zusammengefügt hat, diesen mit den Händen zu einer Kugel kneten. Falls der Teig zu trocken ist, noch etwas mehr Milch einarbeiten.

Den fertigen, mittelweichen Teig zu einer Kugel formen, dann mit den Händen leicht flach drücken und zu einem Rechteck formen. Die Hände bemehlen und den Teig zu 2 mittelgroßen Laiben oder 1 großen Laib formen. Die Laibe oder den Laib auf das vorbereitete Blech legen und mit den Händen leicht flach drücken. Mit etwas Milch einpinseln und mit Perlzucker bestreuen, dann etwa 30 Minuten im Ofen backen, bis die Teigoberfläche hellgolden, aber nicht zu dunkel geworden ist. Bei Raumtemperatur abkühlen lassen, dann schräg in Scheiben schneiden.

NEKTÁR

Popovers Per La Colazione Di Natale

ZIMT-PFITZAUFS FÜR DAS WEIHNACHTSFRÜHSTÜCK

Zutaten

Ergibt 12 Stück

Für die Popovers

- 480 ml Vollmilch
- 6 große Bio-Eier, raumtemperiert
- 2 EL Butter, zerlassen und auf Raumteperatur abgekühlt (plus 12 kleine Butterflöckchen extra)
- 280 g Weizenmehl Type 405
- 1 TL Backpulver
- ½ TL Salz

Zum Fertigstellen

- 200 g Kristallzucker
- 2 EL Zimtpulver
- 115 g Butter, zerlassen

HOHOHO! Der Weihnachtsmann war da und hat Geschenke mitgebracht! Wenn am nächsten Morgen alle glücklich aufstehen, muss das mit einem Frühstück der besonderen Art gefeiert werden. Am besten mit den amerikanischen »Popovers«, die vermutlich auf die schwäbischen »Pfitzaufs« zurückgehen. Es handelt sich um luftiges Eierteig-Gebäck, das im Ofen stark aufgeht und das ganze Haus mit seinem wundervollen Duft erfüllt. Weil sie einfach und schnell zubereitet sind, sollte man die Popovers als neue Weihnachtstradition am besten jedes Jahr servieren. Ich habe das Rezept von einer netten Frau bekommen, die ich vor vielen Jahren kennenlernte, als ich regelmäßig ins englische Yorkshire gefahren bin. Irgendwann war das Rezept verschwunden, doch dann entdeckte ich es zufällig zwischen zwei Buchseiten wieder! Was für ein süßes Glück!

Hinweis: Für dieses Rezept benötigt man eine spezielle Popover-Form, aber auch Pfitzauf-, Babà- oder Muffin-Formen sind geeignet.

Anleitung

Eine *Popover*-Form mit 12 Mulden in den Backofen stellen und diesen auf 220 °C vorheizen.

Für die *Popovers* Milch, Eier und Butter in einer großen Schüssel verquirlen.
In einer separaten Schüssel Mehl, Backpulver und Salz mischen. Die Milch-Butter-Mischung hinzufügen und vollständig einarbeiten. Mindestens 30 Minuten bei Raumtemperatur ruhen lassen.

Die Form aus dem Ofen nehmen und die Ofentemperatur auf 180 °C senken.

Jede Mulde in der Form mit Backspray einfetten und je 1 Butterflöckchen hineingeben. Die Mulden mithilfe einer Schöpfkelle fast bis zum Rand mit Teig füllen.

15 Minuten im Ofen backen, dann die Temperatur auf 160 °C reduzieren. Die *Popovers* weitere 20 Minuten backen, bis sie aufgegangen und goldbraun sind.

Aus dem Ofen nehmen und jeden *Popover* mit einem Messer einstechen, damit der Dampf aus dem Inneren entweichen kann. Die *Popovers* aus der Form lösen und auf einem Kuchengitter völlig auskühlen lassen.

Zum Fertigstellen Zucker und Zimt in einer mittelgroßen Schüssel gut vermischen. Die abgekühlten *Popovers* mit zerlassener Butter einpinseln und im Zimtzucker wälzen, bis sie ganz damit überzogen sind.

Mit einer leckeren Tasse Tee oder Kaffee genießen!

Torta Delle Rose Mantovana

ROSENKUCHEN AUS MANTUA

Zutaten

Ergibt 10 Stücke

Für den Vorteig

- 25 g frische Hefe, zerkrümelt (oder 6,25 g aktive Trockenhefe)
- 2 TL Kristallzucker
- 90 ml Wasser, lauwarm
- 110 g Manitobamehl (oder Weizenmehl Type 550)

Für den Hauptteig

- 700 g Manitobamehl oder Weizenmehl Type 550 (plus etwas Mehl extra zum Ausstäuben)
- 160 g Kristallzucker
- 90 g Butter, raumtemperiert (plus etwas Butter extra zum Einfetten)
- 1 Prise Salz
- 5 mittelgroße Bio-Eier
- Schale von 1 Bio-Zitrone, fein abgerieben
- 2 TL Vanillepaste (oder Vanilleextrakt) von echter Vanille
- 300 ml Vollmilch (plus etwas Milch extra zum Einpinseln)
- Puderzucker (zum Bestäuben)

Für die Füllung

- 250 g Kristallzucker
- 250 g Butter

Eigentlich ist die »Torta Delle Rose Mantovana« gar kein Weihnachtskuchen. Doch weil sie aus süßem Hefeteig besteht, passt sie meiner Meinung nach perfekt in die Weihnachtszeit. Das Rezept wurde 1490 anlässlich der Hochzeit von Isabella d'Este und Francesco Gonzaga, dem Markgrafen von Mantua, kreiert und seinerzeit der Braut gewidmet. Der Kuchen ähnelt einem Strauß Rosen und ist wie gemacht für festliche Anlässe – zum Beispiel ein weihnachtliches Frühstück. Ich widme dieses Rezept meinem lieben Freund Giovanni, den wir auch Giò nennen. Er stammt aus der Lombardei und liebt diesen Kuchen über alles. Wenn ich den Rosenkuchen serviere, ist er stets der Erste, der sich ein Stück davon schnappt. Und beim Servieren sage ich immer: »Jawoll, Giò, er enthält die genau richtige Menge Butter – so wie du es magst!«

Anleitung

Für den Vorteig die frische oder getrocknete Hefe in eine mittelgroße Schüssel geben. Zucker und lauwarmes Wasser hinzufügen und alles verrühren, bis die Hefe aufgelöst ist. Das Mehl nur kurz unterrühren, bis sich die Zutaten zu einem Teig verbunden haben. Die Schüssel mit Frischhaltefolie abdecken und den Vorteig 1½ Stunden bei Raumtemperatur gehen lassen.

Für den Hauptteig Mehl, Zucker, Butter und Salz in einer Schüssel mit dem Rührgerät (Flachrühreraufsatz) vermengen. Die Eier 1 Minute unterrühren. Vorteig, Zitronenabrieb und Vanille dazugeben und vollständig einarbeiten. Das Rührgerät auf kleine Stufe stellen und die Milch in einem steten Strahl langsam eingießen. Weiterrühren, bis sich ein glatter Teig gebildet hat, der nicht mehr an den Schüsselseiten haftet. Den Teig in eine große Schüssel geben, mit Frischhaltefolie abdecken und an einem warmen Ort 1½ Stunden gehen lassen, bis er sein Volumen verdoppelt hat.

Für die Füllung Zucker und Butter in einer Schüssel mit dem Rührgerät (Flachrühreraufsatz) cremig aufrühren. Bei Raumtemperatur ruhen lassen.

Eine runde Backform (23–25 cm Ø) leicht mit etwas Butter einfetten und mit Mehl ausstäuben.

Den Teig auf ein leicht bemehltes Stück Backpapier geben und mit einer Teigwalze zu einem etwa 0,5 cm dicken Rechteck ausrollen. Die gesamte Teigoberfläche mit der Füllung bestreichen.

Das Backpapier leicht anheben und den Teig an der Längsseite beginnend locker zu einem Strang aufrollen. Den Strang quer in 10 gleich große Scheiben schneiden und diese senkrecht (mit der Schnittseite nach unten) rosenförmig in die vorbereitete Backform setzen. Nicht zu dicht aneinanderstellen, damit die »Rosen« ausreichend Platz zum Aufgehen haben. 2 Stunden an einem warmen Ort gehen lassen, bis sich das Volumen verdoppelt hat.

Den Backofen auf 180 °C vorheizen.

Den Teig mit etwas Milch einpinseln und etwa 40 Minuten im Ofen goldbraun backen. Den Kuchen in der Form vollständig auskühlen lassen, dann herauslösen, auf eine Tortenplatte heben und vor dem Servieren mit Puderzucker bestäuben.

Panforte Di Siena

GEWÜRZKUCHEN AUS SIENA

Zutaten

Ergibt 4 Stücke

- Oblatenpapier (minimum 20 × 20 cm)
- 100 g ganze blanchierte Mandelkerne
- 100 g ganze blanchierte Haselnusskerne
- 120 g Orangeat, fein gewürfelt
- 120 g Zitronat (oder kandierte Bio-Limette), fein gewürfelt
- 100 g kandierte Melone, fein gewürfelt
- 50 g Weizenmehl Type 405
- 40 g ungesüßtes Kakaopulver
- 1 EL (15 g) Zimtpulver (plus etwas Zimt extra zum Bestäuben)
- 130 g Kristallzucker
- 130 g klarer flüssiger Honig
- Puderzucker (zum Bestäuben)

Jedes Land auf dieser Erde, in dem Weihnachten gefeiert wird, hat spezielle Gewürzkuchen in seinem kulinarischen Repertoire – und Italien bildet da keine Ausnahme. In der wunderschönen toskanischen Stadt Siena beispielsweise wird seit dem frühen Mittelalter ein Kuchen namens »Panforte« gebacken. Damals war Siena eine Handelsmetropole, in der viele Gewürze aus aller Welt umgeschlagen wurden. Deshalb entwickelten sich Gewürzkuchen in Italien zu einem beliebten Luxusprodukt. Nach 1400 wurde der Panforte an den aristokratischen Höfen in ganz Italien zu einem Sinnbild für Reichtum. Eine Variante des Gewürzkuchens namens »Panpepato« wurde einst zu Ehren der italienischen Königin Margherita di Savoia kreiert, als sie im Jahr 1879 zum Palio, dem jährlichen Pferderennen, nach Siena kam. In der Toskana ist Panforte zu Weihnachten ein absolutes Muss, er ist aber das ganze Jahr über erhältlich.

Anleitung

Den Backofen auf 150 °C vorheizen und ein Backblech mit Backpapier auslegen.

Aus dem Oblatenpapier einen Kreis ausschneiden (20 cm Ø) und diesen in eine runde Backform (20 cm Ø) legen.

Die Mandeln und Haselnüsse gleichmäßig auf dem vorbereiteten Blech verteilen und etwa 10 Minuten im Ofen rösten, bis sie aromatisch duften. Dann vollständig auskühlen lassen.

Abgekühlte Nüsse, Orangeat, Zitronat, kandierte Melone, Mehl, Kakao und Zimt in einer großen Schüssel vermischen.

Zucker und Honig in einem mittelgroßen Topf auf kleiner Stufe unter häufigem Rühren schmelzen, um ein Anbrennen zu verhindern. Die Früchte-Nuss-Mischung hinzufügen, gründlich unterrühren und den Teig gleichmäßig auf dem Oblatenpapier in der Form verteilen.

Etwa 35 Minuten im Ofen backen, bis an einem mittig eingestochenen Holzstäbchen keine Teigreste mehr haften bleiben. Großzügig mit Puderzucker und Zimt bestäuben und servieren.

In Frischhaltefolie oder einem luftdichten Behälter verpackt bleibt der *Panforte* lange haltbar und lässt sich auch sehr gut in der Vorweihnachtszeit verschenken. Er schmeckt großartig zu einem Glas Dessertwein!

Rumkuchen

Zutaten

Ergibt 12 Stücke

Für die Tränke

- 200 g Kristallzucker
- 115 g Butter (plus etwas Butter extra zum Einfetten)
- 115 ml Rum
- 60 ml Wasser
- 1/4 TL Salz
- 1 TL Vanillepaste (oder Vanilleextrakt) von echter Vanille

Für den Kuchen

- 420 g Weizenmehl Type 405, gesiebt (plus etwas Mehl extra zum Ausstäuben)
- ½ TL Salz
- 200 g Konditorsahne (36 % Fett), raumtemperiert
- 100 ml Rum
- 2 TL Vanilleextrakt von echter Vanille
- 600 g Kristallzucker
- 230 g Butter, raumtemperiert
- 7 große Bio-Eier

Zum Servieren

- Vanilleeis

AUFGEPASST! Dieser beschwipste karibische Kuchen ist geschmacklich zwar ein absoluter Traum, für Menschen, die keinen Alkohol trinken oder mögen, aber leider ungeeignet. Im Gegensatz zu manchen Rezepten, in denen der Alkohol durch die Hitze beim Backen nämlich verfliegt und nur sein wundervolles Aroma hinterlässt, kommt der Rum hier nicht nur in den Teig. Der fertig gebackene Kuchen wird auch noch mit Rum getränkt und behält somit seine Umdrehungen. Perfekt für eine Silvesterparty! Wer das Glück hat und einen Kamin sein Eigen nennt, sollte sich einen kuscheligen Sessel schnappen und diesen Kuchen am knisternden Feuer genießen – am besten mit einem leckeren Getränk dazu, sei es Alkohol oder Tee. Für mich ist das zumindest der ultimative Genuss. Wer keinen Kamin hat, braucht trotzdem nicht zu verzweifeln. Auch der Kuchen allein macht glücklich und wärmt die Seele.

Hinweis: Im Originalrezept kommt eigentlich Vanillepuddingpulver zum Einsatz. Weil ich aber immer großen Wert auf hochwertige, reine Zutaten ohne Zusatzstoffe lege, habe ich das Pulver hier weggelassen. Das Ergebnis ist ein traditioneller karibischer Rumkuchen mit besten Zutaten und authentischem Geschmack.

Anleitung

Für die Tränke Zucker, Butter, Rum, Wasser und Salz in einem mittelgroßen Topf verrühren, aufkochen und etwa 8 Minuten köcheln lassen, bis die Mischung andickt. Vom Herd nehmen, die Vanille unterrühren und den Sirup auf Raumtemperatur abkühlen lassen.

Für den Kuchen eine runde Napfkuchenform (25 cm Ø) mit etwas Butter einfetten und mit Mehl ausstäuben.

Mehl und Salz in einer großen Schüssel mischen.

Sahne, Rum und Vanille in einer separaten mittelgroßen Schüssel glatt verrühren.

Zucker und Butter in einer weiteren Schüssel mit dem Rührgerät (Flachrühreraufsatz) zu einer sehr hellen, luftigen Masse aufschlagen. Nacheinander die Eier einarbeiten. Die Mehl-Mischung sowie die Rum-Sahne-Mischung in drei Portionen unterrühren (mit dem Mehl starten und enden).

Den Teig in die vorbereitete Form füllen und etwa 50 Minuten im Ofen backen, bis an einem mittig eingestochenen Holzstäbchen keine Teigreste mehr haften bleiben.

Den Kuchen in der Form belassen, mehrfach mit einem Spieß einstechen und nach und nach mit dem Sirup tränken. Ein wenig Sirup zum Servieren beiseitestellen (nach Belieben zum Servieren die doppelte Menge Sirup zubereiten).

Den Kuchen aus der Form lösen, in Stücke schneiden und mit Vanilleeis servieren.

Babà

NEAPOLITANISCHER HEFE-NAPFKUCHEN

Der Babà ist ein neapolitanischer Kuchen mit königlichem Ursprung, der nicht nur in ganz Italien, sondern auch auf der ganzen Welt sehr beliebt ist. Es handelt sich um einen briocheähnlichen Napfkuchen, der mit einem alkoholhaltigen Sirup voller weihnachtlicher Gewürze getränkt wird. Man kann den Babà in kleinen Förmchen, einer runden Backform oder – wie bei mir – in einer traditionellen Babà-Form backen, die im Onlinehandel erhältlich ist. Die Zubereitung erfordert Zeit und Backerfahrung, doch wer sich genau an mein Rezept hält, dürfte eigentlich erfolgreich sein. Es ist nur etwas Geduld gefragt – das Ergebnis ist alle Mühen wert.

Zutaten

Ergibt 10 Stücke

Für den Teig

- 2 EL Wasser, lauwarm
- 25 g frische Hefe, zerkrümelt
- 500 g Weizenmehl Type 550 (plus etwas Mehl extra zum Bemehlen)
- 60 g Kristallzucker
- 8 große Bio-Eier, raumtemperiert und leicht verquirlt
- 160 g Butter, raumtemperiert und gewürfelt

Für die Tränke (Bagna)

- 1 Bio-Orange
- 1 mittelgroße Bio-Zitrone
- 450 g Kristallzucker
- 1 ½ TL Vanillepaste (oder Vanilleextrakt) von echter Vanille
- 1 Zimtstange
- 1 l Wassser
- 220 ml brauner Rum (möglichst 38 Vol.-%)
- Vanillesauce oder Schlagsahne (optional, zum Servieren)

Anleitung

Für den Teig das Wasser in eine Schüssel geben und die Hefe darin unter Rühren vollständig auflösen. 50 g des Mehls hinzufügen und alles von Hand zu einem Teig vermengen. Den Teig zu einer Kugel formen und in eine leicht bemehlte, große Schüssel geben. Mit Frischhaltefolie abdecken und an einem warmen Ort 1 Stunde gehen lassen. Dieser Vorteig nennt sich »Biga«.

Zucker und die restlichen 450 g Mehl in einer weiteren Schüssel mit dem Rührgerät (Flachrühreraufsatz) auf kleiner Stufe vermischen. Nacheinander die Eier gründlich einarbeiten. Den Vorteig hinzufügen und alles auf mittlerer Stufe 15 Minuten zu einem klebrigen Teig verrühren. Zum Knethakenaufsatz wechseln und auf mittlerer Stufe nach und nach die Butter einrühren. Nach jeder Zugabe alles gut durchkneten, bis die Butter vollständig eingearbeitet ist, dann erst neue Butter hinzufügen. Weitere 15–20 Minuten kneten, bis ein sehr elastischer, glänzender Teig entstanden ist. Teigreste von den Schüsselwänden nach unten schaben, den Teig in der Mitte der Schüssel sammeln und die Schüssel mit Frischhaltefolie abdecken. Achtgeben, dass die Folie keinen Kontakt mit dem Teig hat und der Teig ausreichend Platz zum Aufgehen hat. 1 ½ Stunden an einem warmen Ort gehen lassen, bis sich das Volumen verdreifacht hat.

Den Backofen auf 180 °C vorheizen. Eine Babà-Form (28 cm Ø) mithilfe Backpinsel mit etwas Butter einfetten. Den Teig vorsichtig in die Form geben, damit er seine Luftigkeit nicht verliert, und 1 ½ Stunden gehen lassen, bis sich das Volumen verdoppelt hat.

Den Babà 25–30 Minuten im Ofen backen, dann herausnehmen und in der Form vollständig auskühlen lassen. Aus der Form lösen und in eine Schüssel oder tiefe Backform legen.

Für die Tränke die farbige Schalenschicht von Orange und Zitrone mit einem Messer dünn abschneiden und in einen mittelgroßen Topf geben (das Fruchtfleisch anderweitig verwenden). Zucker, Vanille, Zimtstange und Wasser dazugeben und alles bei mittlerer Temperatur zum Kochen bringen. Den Rum hinzufügen und alles 5 Minuten kochen, dann vom Herd nehmen und den Sirup auf Raumtemperatur abkühlen lassen.

Den Babà mit dem Sirup übergießen und warten, bis der Sirup vollständig eingezogen ist. Den Babà auf einen Tortenteller heben, optional mit Vanillesauce oder Schlagsahne servieren.

Veneziana

SÜSSER HEFEKUCHEN MIT CREMEFÜLLUNG

Zutaten

Ergibt 8 Stücke

Für den Teig

- 200 ml Vollmilch, lauwarm
- 25 g frische Hefe, zerkrümelt (oder 7 g aktive Trockenhefe)
- 2 große Bio-Eier (plus 1 großes Bio-Eigelb extra zum Einpinseln), raumtemperiert
- 90 g Kristallzucker
- Mark von 1 Vanillestange, ausgekratzt
- Schale von ½ Bio-Orange, fein abgerieben
- 120 g Butter, zerlassen und auf Raumtemperatur abgekühlt
- 500 g Manitobamehl (oder Weizenmehl Type 550), gesiebt (plus etwas Mehl extra zum Ausstäuben)
- ½ TL Salz
- Perlzucker (zum Dekorieren)
- Puderzucker (zum Dekorieren)

Für die Creme

- 2 große Bio-Eigelb
- 60 g Kristallzucker
- 25 g (3 EL) Bio-Maisstärke
- 1 Prise Salz
- 500 ml Vollmilch
- 1 TL Vanillepaste (alternativ Vanilleextrakt von echter Vanille oder Mark von 1 Vanillestange)

Anders als der Name vermuten lässt, stammt diese Leckerei nicht aus Venedig. Das Rezept entstand im 15. Jahrhundert in der Lombardei und wurde dort für Hochzeiten und an Weihnachten zubereitet. Heute findet man den gefüllten Hefekuchen in jedem italienischen Café, vor allem in Norditalien, wo täglich frisch gebackene »Veneziane« zum Frühstück angeboten werden. Damit auch Hobbybäcker das Rezept problemlos zubereiten können, habe ich es entsprechend angepasst. Ich backe die Veneziana immer in einer großen Form, man kann den Teig aber auch in mehrere Portionen teilen, zu Kugeln formen und in kleinen Förmchen backen.

Hinweis: Es bleiben wahrscheinlich Reste der Creme übrig, die man gut für andere Desserts verwenden kann.

Anleitung

Für den Teig die Milch in eine mittelgroße Schüssel geben, darin die Hefe durch Rühren vollständig auflösen.

2 Eier und den Zucker in einer Schüssel mit dem Rührgerät (Flachrühreraufsatz) zu einer hellen Masse aufschlagen. Vanille und Orangenabrieb hinzufügen, dann die zerlassene Butter gründlich unterrühren. Die Hefe-Milch-Mischung einarbeiten. Dann das Mehl nur kurz untermengen. Das Salz hinzufügen, zum Knethakenaufsatz wechseln und auf hoher Stufe alles etwa 6 Minuten kneten, bis sich ein glatter Teig gebildet hat, der nicht mehr an den Schüsselseiten anhaftet. Zu einer glatten Kugel formen, in eine große Schüssel legen, diese mit Frischhaltefolie abdecken und den Teig 1½ Stunden an einem warmen Ort gehen lassen, bis sich das Volumen verdoppelt hat.

Für die Creme Eigelbe, Zucker, Stärke und Salz in einer mittelgroßen Schüssel mit dem Rührgerät (Schneebesenaufsatz) zu einer hellen Masse aufschlagen.

Milch und Vanille in einem mittelgroßen Topf bei mittlerer Temperatur zum Köcheln bringen. Ein wenig von der Milch-Mischung in die Eigelb-Masse geben und rasch unterrühren, um die Eier zu temperieren.

Die temperierte Eigelb-Masse in den Topf geben und unter ständigem Rühren köcheln, bis sie eindickt. In eine Schüssel füllen, mit Frischhaltefolie abdecken und bis zur Verwendung abkühlen lassen.

Den aufgegangenen Teig auf einer leicht bemehlten Arbeitsfläche kurz durchkneten.

Eine runde Backform (24 cm Ø) leicht mit Butter einfetten und mit Mehl ausstäuben. Den Teig in die Form geben und an einem warmen Ort (z. B. im geschlossenen Ofen) etwa 1½ Stunden gehen lassen, bis sich das Volumen verdoppelt hat.

Den Backofen auf 180 °C vorheizen.

Den Teig mit dem Eigelb einpinseln, mittig mit einem scharfen Messer ein »X« hineinritzen und die Einschnitte vorsichtig etwas öffnen, ohne dass der Teig zusammenfällt.

Die Creme in einen Spritzbeutel geben und den Teig mit etwas Creme füllen. Die Creme sollte vor allem in der Mitte bleiben und nur wenig über den Kuchen hinausragen. Den Kuchen mit Perlzucker bestreuen und etwa 45 Minuten im Ofen goldbraun backen. Abkühlen lassen, dann mit Puderzucker bestäubt servieren.

Gubana Friulana

GUBANA AUS DEM FRIAUL

Zutaten

Ergibt 6–8 Stücke

Für die Füllung

- 30 ml (2 EL) Grappa (plus etwas Grappa extra nach Bedarf)
- 100 g Rosinen
- 70 g Kristallzucker
- 150 g Walnusskerne
- 40 g Pinienkerne
- 30 g Butter (plus ein paar Butterflöckchen extra zum Belegen)
- 80 g Amaretti-Kekse
- Schale von 1 Bio-Zitrone, fein abgerieben
- 1 TL Vanillepaste (oder Vanilleextrakt) von echter Vanille
- 1 TL Zimtpulver
- 1 Prise Salz

Für den Hefeteig

- 12 g frische Hefe
- 50 ml Vollmilch, lauwarm
- 250 g Weizenmehl Type 405 (plus etwas Mehl extra zum Ausstäuben)
- 1 großes Bio-Ei
- 1 großes Bio-Eigelb
- 40 g heller flüssiger Honig
- 60 g Kristallzucker
- 1 Prise Salz
- 70 g Butter, fein gewürfelt und raumtemperiert (plus etwas Butter extra zum Einfetten)
- 1 großes Bio-Eiweiß (zum Einpinseln)

Väterlicherseits stammt meine Familie aus dem wunderschönen, norditalienischen Friaul, genauer gesagt aus den Natisone-Tälern. Da lag es für mich natürlich auf der Hand, auch einen Kuchen in dieses Buch mit aufzunehmen, den ich als Kind in dieser Region zu Weihnachten gegessen habe. Leider ist es mir nicht gelungen, das Originalrezept von 1409 ausfindig zu machen, aber diese Version ist die beste, die ich durch langjähriges Probieren entwickeln konnte. Die Gubana ist zart, leicht beschwipst, süß und aromatisch. Im Friaul wird dieser Kuchen während der Weihnachtstage gebacken und mit einem Glas Grappa gereicht – einer weiteren Spezialität der Region. Die Gubana ist zwar etwas komplizierter in der Herstellung, kommt aber immer sehr gut an.

Hinweis: Die Füllung muss einen Tag im Voraus zubereitet werden.

Anleitung

Für die Füllung den Grappa in eine Schale geben und die Rosinen darin 1 Stunde einweichen.

Einen Teller mit Backpapier auslegen. Den Zucker in einem mittelgroßen Topf auf kleiner Stufe erhitzen, bis er vollständig aufgelöst und fast schon ganz karamellisiert ist. Etwa 1 Handvoll der Walnüsse rasch unterrühren, um sie mit dem Karamell zu überziehen. Die Walnüsse auf das Backpapier geben und bei Raumtemperatur abkühlen lassen.

Pinienkerne und Butter in einem kleinen Topf unter Rühren erhitzen, bis die Butter die Kerne vollständig umhüllt. Auf Raumtemperatur abkühlen lassen.

Karamellisierte Walnüsse, restliche Walnüsse, Pinienkerne, Rosinen samt Grappa und Amaretti auf einem Schneidebrett sehr fein hacken und mit Zitronenabrieb, Vanille, Zimt und Salz zu einer Paste vermengen. Bei Bedarf mehr Grappa einarbeiten, falls die Mischung zu trocken ist. Die Paste in einer Schüssel mit Frischhaltefolie abgedeckt über Nacht bei Raumtemperatur ziehen lassen.

Am nächsten Tag den Teig zubereiten. Hierfür die Hefe in eine Schale mit lauwarmer Milch krümeln und durch Rühren vollständig auflösen.

Milch-Hefe-Mischung, Mehl, Ei, Eigelb, Honig, Zucker und Salz in einer Schüssel mit dem Rührgerät (Flachrühreraufsatz) auf kleiner Stufe gründlich vermengen. Stückchenweise die Butter unterrühren, bis die Zutaten sich zu einem Teig verbinden. Zum Knethakenaufsatz wechseln und den Teig auf hoher Stufe etwa 15 Minuten kneten, bis die Teigkugel nicht mehr an den Schüsselseiten haftet. Die Schüssel mit Frischhaltefolie abdecken und den Teig an einem warmen Ort 1½ Stunden gehen lassen, bis sich sein Volumen verdoppelt hat.

Den Backofen auf 180 °C vorheizen. Eine runde Backform (20 cm Ø) mit etwas Butter einfetten und mit Mehl ausstäuben.

Den Teig auf einer leicht bemehlten Arbeitsfläche mit einer Teigwalze zu einem Rechteck ausrollen. Die Füllung auf der gesamten Fläche verstreichen und mit ein paar Butterwürfelchen belegen. Den Teig von Hand zu einem langen Strang aufrollen und an den Enden versiegeln. Den Strang zu einer Schnecke formen und in die vorbereitete Form legen. Mit Frischhaltefolie abdecken und 1½ Stunden bei Raumtemperatur gehen lassen.

Den Kuchen mit Eiweiß einpinseln und etwa 50 Minuten im Ofen backen, bis er durchgebacken und goldbraun ist. Vor dem Servieren vollständig auskühlen lassen.

Pan De Mallorca

MILCHBRÖTCHEN AUS MALLORCA

Zutaten

Ergibt 12 Brötchen

- 350 ml Wasser, raumtemperiert
- 120 ml Vollmilch, lauwarm
- 7 g aktive Trockenhefe
- 8 große Bio-Eigelb
- 1 TL Salz
- 150 g Kristallzucker
- 340 g Butter, zerlassen und raumtemperiert (plus etwas Butter extra zum Einpinseln)
- 800 g Weizenmehl Type 550 (plus etwas Mehl extra zum Bemehlen und Bestäuben)
- Puderzucker (zum Dekorieren)

Diese köstlichen Milchbrötchen in Schneckenform sind ein ernst zu nehmender Rivale des »French Toast«! Jeder, der sie einmal gegessen hat, ist ihnen danach verfallen, denn sie sind einfach fantastisch! Man kann sie aufschneiden und mit Konfitüre, Nuss-Nugat-Creme, Vanillecreme oder anderem füllen. Sie schmecken aber auch mit herzhaftem Belag oder als Brotbeilage zu deftigen Gerichten – dann natürlich ohne Puderzucker! Wie der Name schon sagt, stammt das Pan de Mallorca eigentlich von der spanischen Insel, es ist inzwischen aber eine puerto-ricanische Spezialität. Doch ganz gleich ob Spanien oder Puerto Rico, diese herrlichen Brötchen zaubern an einem kalten Weihnachtstag Sonnenschein auf den Tisch.

Anleitung

Wasser und Milch in einer mittelgroßen Schüssel verrühren. Die Hefe hineinbröckeln und beiseitestellen.

Eigelbe, Salz, Zucker und zerlassene Butter in einer Schüssel mit dem Rührgerät (Schneebesenaufsatz) vermengen. Die Hefe-Milch-Mischung auf mittlerer Stufe unterrühren. Zum Knethakenaufsatz wechseln und nach und nach das Mehl auf kleiner Stufe einarbeiten. Dann etwa 15 Minuten auf hoher Stufe weiter verrühren, bis ein glänzender, aber noch recht klebriger Teig entstanden ist. Den Teig auf eine gut bemehlte Arbeitsfläche geben und 10 Minuten glatt kneten. Zu einer Kugel formen, in eine große Schüssel geben, diese mit Frischhaltefolie abdecken und den Teig 2 Stunden an einem warmen Ort gehen lassen, bis sich sein Volumen verdoppelt hat.

2 Backbleche mit Backpapier auslegen.

Den Teig zu einer Rolle formen und diese in 12 gleich große Stücke schneiden, dann jedes Stück zu einer Kugel formen. Anschließend jede Kugel zu einer Rolle formen und locker zu einer Spirale aufrollen. Die Teiglinge auf den vorbereiteten Backblechen verteilen und mit einem Geschirrtuch abgedeckt bei Raumtemperatur eine 1 weitere Stunde gehen lassen, bis sich ihr Volumen verdoppelt hat.

Den Backofen auf 180 °C vorheizen.

Die Teiglinge mit zerlassener Butter einpinseln und etwa 20 Minuten im Ofen backen, bis sie hellgolden gebräunt sind.

Abkühlen lassen, dann mit Puderzucker bestäuben und servieren.

Milk Pan Del Molise

HEFEKUCHEN MIT SAHNELIKÖR

Diese Leckerei ist trotz ihres englisch klingenden Namens ein Weihnachtskuchen aus der süditalienischen Region Molise. Erfunden wurde er in der Bäckerei Iannetta in Campobasso, der Hauptstadt der Region. Das Originalrezept ist geheim, doch diese Variante kommt ihm schon sehr nahe. Die einzige wirklich traditionelle Zutat in diesem zeitgenössischen Rezept ist ein Milchlikör namens »Liquore Crema Milk«, der um das Jahr 1840 erfunden wurde und dem Kuchen seinen Namen gab. Außerhalb von Molise ist dieser Likör schwer erhältlich, er ist aber seit einiger Zeit im Internet bestellbar. Man kann ihn notfalls auch durch Baileys ersetzen, das Ergebnis wird dann jedoch ein ganz anderes. Ich empfehle, beim Originalrezept zu bleiben, doch ich weiß, wie schwer manche Zutaten zu finden sind. Allerdings ist dieser Kuchen einfach zu lecker, um seine Herstellung an einer einzigen nicht erhältlichen Zutat scheitern zu lassen! Deshalb nehme ich mir manchmal meine »bäckerische Freiheit« und greife zu einer Alternative. Der Milk Pan Del Molise wird traditionell in einer Halbkugelform gebacken, eine Napfkuchenform ist aber ebenfalls geeignet. Da das Rezept weithin unbekannt ist und der Kuchen auf dem Weihnachtstisch wunderschön aussieht, musste ich es einfach in dieses Buch mit aufnehmen.

Zutaten

Ergibt 8–10 Stücke

Für den Teig

- 160 g Weizenmehl Type 405, gesiebt (plus etwas Mehl extra zum Ausstäuben)
- 140 g Bio-Kartoffelstärke
- 1 ½ TL Backpulver
- 6 große Bio-Eier, getrennt
- 250 g Kristallzucker
- 300 g Butter, zerlassen und raumtemperiert (plus etwas Butter extra zum Einfetten)
- 125 ml Liquore Crema Milk (oder Baileys)
- 1 TL Vanillepaste (oder Vanilleextrakt) von echter Vanille
- 1 Prise Salz

Für die Glasur

- 200 g hochwertige weiße Schokolade, gehackt
- 2 EL Pflanzenöl
- 2 EL Haselnussmus*

*Reines Haselnussmus ist in manchen Bio-Läden erhältlich, es kann aber auch hochwertiger Haselnussaufstrich verwendet werden.

Anleitung

Den Backofen auf 175 °C vorheizen. Eine Halbkugel-Backform (8 cm Ø) mit etwas Butter einfetten und leicht mit Mehl ausstäuben.

Für den Teig Mehl, Kartoffelstärke und Backpulver in eine große Schüssel sieben.

Eigelbe und Zucker in einer separaten Schüssel mit dem Rührgerät (Flachrühreraufsatz) aufschlagen, bis eine sehr helle Masse entstanden ist. Bei laufendem Motor die zerlassene, abgekühlte Butter und den Likör in einem steten Strahl hineingießen und einarbeiten. Die Mehl-Mischung hinzufügen, nur kurz unterrühren.

In einer weiteren Schüssel nun Eiweiße und Salz mit dem Schneebesenaufsatz steif aufschlagen und den Eischnee mit einem Teigschaber behutsam unter den Teig heben.

Den Teig in die vorbereitete Form füllen und 40–45 Minuten im Ofen backen, bis an einem mittig eingestochenen Holzstäbchen keine Teigreste mehr haften bleiben. In der Form vollständig auskühlen lassen, dann auf ein Kuchengitter stürzen.

Für die Glasur die weiße Schokolade in einer Bain-Marie oder einer Metallschüssel, die über einem köchelnden Wasserbad platziert wird (der Schüsselboden darf das Wasser nicht berühren), unter gelegentlichem Rühren schmelzen. Alternativ die Schokolade in einer Schale in Intervallen von 5 Sekunden in der Mikrowelle schmelzen. Nach jedem Intervall umrühren und achtgeben, dass die Schokolade nicht verbrennt. Öl und Haselnussmus hinzufügen und alles glatt rühren.

Die Glasur über den abgekühlten Kuchen gießen und bei Raumtemperatur fest werden lassen. Den Kuchen servieren, wie er ist, oder nach Wunsch dekorieren.

Panettone

Zutaten

Ergibt etwa 6–8 Stücke

Für den Zitrus-Honig

- 30 g heller flüssiger Honig (z. B. Akazienhonig)
- Mark von 2 Vanillestangen, ausgekratzt
- Schale von 1 großen Bio-Orange, fein abgerieben
- Schale von 1 Bio-Zitrone, fein abgerieben

Für den Vorteig

- 80 g Manitobamehl (oder Weizenmehl Type 550)
- 80 ml Wasser, lauwarm (etwa 27 °C)
- 12 g frische Hefe, zerkrümelt
- 1 TL Kristallzucker

Für den Teig

- 250 g Rosinen (oder Schokoladen-Chips)
- 200 g Manitobamehl (oder Weizenmehl Type 550)
- 160 g italienisches Mehl tipo 0
- 150 ml Wasser, lauwarm (etwa 27 °C)
- 100 g Kristallzucker
- 4 große Bio-Eigelb
- 1 TL (5 g) Salz
- 100 g Butter, raumtemperiert (plus 15–20 g Butter extra, zerlassen und auf Raumtemperatur abgekühlt, außerdem ein kleines Stückchen Butter extra zum Drauflegen)
- 250 g Orangeat, fein gewürfelt

**Glockengeläut im Hintergrund* Hört, hört! Ich präsentiere euch den König der Weihnachtskuchen! Seine Majestät, den Panettone! Ich verbeuge mich ehrfürchtig vor diesem majestätischen Kuchen, der nicht nur einer der köstlichsten, sondern auch einer der kompliziertesten Kuchen der Welt ist. Meine Version ist allerdings deutlich einfacher herzustellen als das Original. Ja, ich muss gestehen, dass ich hier nicht der gängigen Zubereitungsart folge – doch das hat einen guten Grund. Der Panettone hat sich nämlich im Laufe der Jahre verändert, damit man der ständig wachsenden Nachfrage gerecht werden konnte. Die Backwarenindustrie – und leider auch einige selbstständige Bäcker – verwenden Konservierungsmittel und Zusatzstoffe, um die Haltbarkeit des Kuchens zu verlängern und ihm die beliebte luftige Textur zu verleihen. Ursprünglich wurde der Panettone ohne Zusatzstoffe hergestellt und war deshalb eher kompakt und nicht so fluffig wie heute. Mein Wunsch war es, einen ursprünglichen, aber dennoch rundum gelungenen Panettone zu backen. Wer also eher den Panettone sucht, wie man ihn aus den Geschäften kennt, sollte sich lieber einen kaufen. Allerdings empfehle ich wärmstens, sich immer wieder an der Herstellung eines selbst gemachten Panettone zu versuchen. Man braucht zwar eine gehörige Portion Geduld, entspannende Musik im Hintergrund und ein unerschütterliches Selbstbewusstsein, doch dann klappt es irgendwann. Ich habe es geschafft – und euch gelingt es auch.*

Anleitung

Für den Zitrus-Honig den Honig zusammen mit Vanille sowie Orangen- und Zitronenabrieb in einer kleinen Schüssel verrühren. Mit Frischhaltefolie abdecken und mindestens 1 Stunde ziehen lassen.

Für den Vorteig Mehl, lauwarmes Wasser, Hefe und Zucker in eine Schale geben und rühren, bis die Hefe vollständig aufgelöst ist. Mit Frischhaltefolie abdecken und etwa 1 Stunde bei Raumtemperatur gehen lassen, bis der Vorteig sein Volumen verdoppelt hat.

Für den Teig Rosinen mindestens 1 Stunde in einer Schale in etwas Wasser einweichen.

Eine große Schüssel mit etwas Butter einfetten.

Beide Mehlsorten, lauwarmes Wasser, Zucker, Eigelbe und Salz in einer Schüssel mit dem Rührgerät (Knethakenaufsatz) verrühren. Auf mittlerer bis kleiner Stufe 10–15 Minuten durchkneten. Den Vorteig hinzufügen und alles 8 Minuten weiterkneten. Den Zitrus-Honig einarbeiten. Das Rührgerät auf mittlere Stufe schalten, die Butter in kleinen Portionen nach und nach hinzufügen und 5 Minuten untermengen. Die Rosinen abgießen, trocken tupfen und zusammen mit dem Orangeat zum Teig geben. Weiterrühren, bis der Teig nicht mehr an den Schüsselseiten haftet.

→

Eine saubere Arbeitsfläche mit etwas Butter einfetten, den Teig behutsam aus der Schüssel lösen und auf die Arbeitsfläche geben, keinesfalls flach drücken. Den Teig behutsam mit den Händen anheben und zusammenschieben – er sollte wie ein weiches, fluffiges Kissen aussehen. Den Teig dann mit beiden Händen etwa 10-mal um die eigene Achse drehen und dabei so wenig wie möglich komprimieren. Auf diese Weise geht er später wie gewünscht auf und entwickelt die perfekte Textur. Den Teig in eine große, gebutterte Schüssel geben, diese mit Frischhaltefolie abdecken und sicherstellen, dass keine Luft in die Schüssel eindringen kann. Den Teig in den Ofen stellen und etwa 12 Stunden aufgehen lassen.

Den Teig aus der Schüssel nehmen und auf eine leicht bemehlte Arbeitsfläche geben. Den Teig behutsam an einer Seite anheben und über die Mitte falten. Dies dreimal wiederholen und dabei Luft in den Teig mit einschließen. Den Teig zu einer Kugel formen, dann behutsam in eine große Papier-*Panettone*-Form (1 l) geben. Mit Frischhaltefolie abdecken, zurück in den Ofen stellen und nochmals etwa 1 Stunde aufgehen lassen, bis sich das Volumen verdoppelt hat.

Einen Rost im unteren Drittel des Backofens platzieren und den Ofen auf 180 °C vorheizen.

Der Teig sollte nun kuppelförmig aufgegangen sein. Die Frischhaltefolie entfernen und die Teigoberseite mit einem sehr scharfen Messer mittig kreuzförmig einritzen. Die vier Ecken in der Mitte des Kreuzes nacheinander mit den Fingern anheben (als würde man eine Orange schälen) und Richtung Rand ziehen. Ein kleines Stück Butter (etwa 5 g) in die mittige Mulde des *Panettone* legen. Die Teigoberseite mit der zerlassenen Butter einpinseln, die Form auf den Rost im Ofen stellen und 45–50 Minuten backen, bis an einem mittig eingestochenen Holzstäbchen kein Teig mehr haften bleibt.

Aus dem Ofen nehmen und zwei lange Metallspieße quer durch das Papier in den Kuchen stecken. Den *Panettone* kopfüber über einem großen, tiefen Topf platzieren, sodass die Enden der Spieße am Topfrand aufliegen und der Kuchen frei im Topf hängt. Dadurch behält er seine schöne Kuppelform. Vollständig auskühlen lassen, dann wieder umdrehen, auf eine Tortenplatte heben und als krönenden Abschluss des Menüs mit einem Glas Dessertwein genießen!

Ghirlanda Di Natale

WEIHNACHTSKRANZ

Zutaten

Ergibt 6–8 Stücke

Für den Teig

- 80 ml Wasser, lauwarm
- 7 g aktive Trockenhefe
- 500 g Weizenmehl Type 405 (plus etwas Mehl extra zum Bemehlen)
- 50 g Kristallzucker
- ½ TL Salz
- 120 ml Milch, lauwarm
- 60 g Butter, zerlassen und auf Raumtemperatur abgekühlt
- 2 große Bio-Eigelb
- 1 Bio-Ei, verquirlt (zum Einpinseln)
- Puderzucker (zum Bestäuben)

Für die Füllung

- 150 g Butter, raumtemperiert
- 50 g Kristallzucker
- 1 ½ TL Zimtpulver (nach Belieben mehr)
- Schale von 1 großen Bio-Zitrone, fein abgerieben
- 1 TL Vanillepaste (oder Mark von 1 Vanillestange)
- 100 g getrocknete Cranberrys

Essbare Advents- oder Weihnachtskränze sind offenbar schwer im Kommen, denn man sieht sie inzwischen überall im Internet und in Backbüchern. Sie sind dekorativ, und die Zubereitung ist einfach und macht Spaß. Wie viele meiner Rezepte lädt auch dieses zum Experimentieren mit verschiedenen Geschmacksrichtungen ein. Übrigens ist dieser Kuchen auch ideal für alle, die noch nicht so viel Erfahrung mit der Zubereitung eines Hefeteigs haben oder sich etwas vor der Herstellung scheuen, denn hier kann nicht viel schiefgehen. Wenn man die Würzzutaten etwas anpasst, kann man den Kranz zum Beispiel auch in einen Osterkranz verwandeln. Wundervoll! Jetzt ist aber erst einmal die Weihnachtsbäckerei an der Reihe!

Anleitung

Für den Teig das Wasser in eine kleine Schüssel geben, die Hefe darin unter Rühren auflösen und beiseitestellen.

Mehl, Zucker und Salz in einer großen Schüssel mischen und beiseitestellen.

Milch, zerlassene Butter und Eigelbe in einer weiteren Schüssel mit dem Rührgerät (Knethakenaufsatz) auf kleiner Stufe gründlich vermengen. Die Hefe-Mischung hinzufügen und einarbeiten, dann die Mehl-Mischung auf kleiner Stufe etwa 4 Minuten unterrühren, bis ein glatter Teig entstanden ist, der nicht mehr an den Schüsselwänden anhaftet.

Den Teig auf die bemehlte Arbeitsfläche geben, zu einer Kugel formen und in eine leicht bemehlte große Schüssel legen. Mit Frischhaltefolie abdecken und an einem warmen Ort 1 Stunde gehen lassen.

Derweil die Füllung zubereiten. Hierfür alle Zutaten in einer mittelgroßen Schüssel mit einer Teigspachtel oder Löffel gründlich verrühren. Beiseitestellen.

Ein Backblech mit Backpapier auslegen.

Den Teig aus der Schüssel nehmen und auf einer leicht bemehlten Arbeitsfläche zu einem Rechteck (56 × 30 cm) ausrollen. Die Füllung gleichmäßig bis zum Rand darauf verteilen.

Den Teig von der Querseite aus möglichst dicht aufrollen. Die Rolle so platzieren, dass die Nahtstelle nach oben weist, und die Rolle mit einem scharfen Messer längs entlang der Naht halbieren.

Die oberen Enden der beiden Hälften zusammendrücken, um sie miteinander zu verbinden, dann den Teig behutsam auf das Backblech legen. Das verbundene obere Ende mit verquirltem Ei einpinseln, dann beide Stränge miteinander verflechten. Das geflochtene Ende ebenfalls mit Ei einpinseln und die Enden zu einem Kranz zusammenführen. Dazu das frisch eingepinselte Ende zusammenkneifen und das andere Ende darunter stecken. Locker mit Frischhaltefolie abdecken und 1 weitere Stunde an einem warmen Ort gehen lassen.

Den Backofen auf 180 °C vorheizen.

Den Kranz etwa 40 Minuten backen, bis er goldbraun ist. Abkühlen lassen und kurz vor dem Servieren mit etwas Puderzucker bestäuben.

Mini-Pandori

SÜSSE SCHOKO-HEFEBRÖTCHEN

Zutaten

Ergibt 12 Stück

Für den Zitrus-Honig

- Schale von 1 großen Bio-Orange, fein abgerieben
- 1 EL flüssiger Honig
- 1 EL Vanillepaste (oder Mark von 1 Vanillestange)
- 1 EL Rum

Für den Vorteig

- 75 g Manitobamehl (oder Weizenmehl Type 550)
- 75 ml Wasser, lauwarm
- 3 g aktive Trockenhefe (oder 7 g frische Hefe)
- 1 TL heller flüssiger Honig

Für den Hauptteig

- 45 g hochwertige weiße Schokolade
- 195 g Manitobamehl (oder Weizenmehl Type 550)
- ½ TL Salz
- 80 g Kristallzucker
- 50 ml Vollmilch, raumtemperiert
- 1 großes Bio-Ei
- 80 g Butter, raumtemperiert und gewürfelt
- Puderzucker (zum Bestäuben)

Ich habe lange überlegt, ob ich dieses Rezept in mein Weihnachtsbackbuch aufnehmen soll oder nicht. Die Herstellung des Pandoro ist wie die des Panettone sehr aufwendig. Die gewünschte Textur wird nur durch lange Gehphasen erzielt, und das Ergebnis unterscheidet sich deutlich von Produkten aus dem Supermarkt. Doch ohne Pandoro ist Weihnachten für uns Italiener einfach nicht komplett, und deshalb stelle ich hier eine »einfachere« Version vor. Zwar kann man einen leckeren Pandoro in jedem italienischen Lebensmittelladen in Deutschland kaufen, Selbermachen ist aber ein ganz besonderes Vergnügen! Für diese Pandori (Pandoro im Miniaturformat) benötigt man spezielle Silikonformen, die im Onlinehandel erhältlich sind. Man kann Pandori als kleine Desserts servieren oder sie den Kindern als süße Pausensnacks in die Lunchbox packen. Außerdem, und das ist meine Lieblingsvariante, kann man sie leicht aufbacken, halbieren und mit Schokoladencreme bestreichen – als köstliches süßes Frühstück!

Anleitung

Den Zitrus-Honig einen Tag vor dem Servieren zubereiten. Hierfür Orangenabrieb, Honig, Vanille und Rum in einer Schüssel verrühren. Mit Frischhaltefolie abdecken und mindestens 1 Tag bei Raumtemperatur durchziehen lassen.

Für den Vorteig Mehl, lauwarmes Wasser, Hefe und Honig in einer Schüssel mit dem Rührgerät (Flachrühreraufsatz) zu einem weichen Teig vermengen. Diese mit Frischhaltefolie abdecken und den Vorteig etwa 2 Stunden bei 27 °C aufgehen lassen, bis er sein Volumen verdoppelt hat.

Für den Teig die weiße Schokolade in einer Bain-Marie oder Metallschüssel, die über einem köchelnden Wasserbad platziert wird (der Schüsselboden darf das Wasser nicht berühren), unter gelegentlichem Rühren schmelzen, dann auf Raumtemperatur abkühlen lassen.

Mehl, Salz, Zucker und Milch auf kleiner Stufe in einer Schüssel zusammen mit dem Vorteig mit dem Rührgerät (Flachrühreraufsatz) verrühren. Den Zitrus-Honig untermengen, dann das Ei einarbeiten, bis der gesamte Teig am Flachrührer haftet und die Schüssel frei von Teigresten ist. Die geschmolzene Schokolade hinzufügen und auf kleiner Stufe einarbeiten. Ab und zu Teig von den Schüsselseiten nach unten schaben. Den Teig nicht zu kräftig bearbeiten.

Zum Knethakenaufsatz wechseln und auf kleiner Stufe nach und nach die Butter in kleinen Portionen einarbeiten. Dann 25 Minuten weiterkneten und gelegentlich die Elastizität des Teigs prüfen. Hierfür den Teig auf die Arbeitsfläche legen und dehnen, um zu testen, ob er reißt oder nicht. Den Teig auf die Arbeitsfläche geben und vorsichtig an einer Seite hochziehen und Richtung Mitte falten. Dies an weiteren 3 Seiten wiederholen und dabei darauf achten, keine Luftblasen zu zerstören – sie machen das Endergebnis schön fluffig!

Den Teig in 12 gleichgroße Stücke schneiden und diese zu Kugeln formen. Die Kugeln in eine *Pandori*-Silikonform mit 12 Mulden geben. Die Teiglinge 4 Stunden an einem warmen Ort auf das doppelte Volumen aufgehen lassen. 20–25 Minuten im Ofen bei 180 °C backen, bis sie ihr Volumen nochmals verdoppelt haben. Falls die *Pandori* oben zu schnell bräunen, sie mit Alufolie abdecken.

Etwa 5 Minuten in den Formen abkühlen lassen, dann zum vollständigen Auskühlen auf Kuchengitter setzen. Mit Puderzucker bestäuben. In einem luftdichten Behälter sind *Pandori* bei Raumtemperatur bis zu 2 Tage haltbar.

Weihnachtliche Milchbrötchen

Zutaten

Ergibt 16 Stück

Für den Teig
- 25 g frische Hefe
- 95 g Kristallzucker
- 250 ml lauwarme Milch
- 500 g Weizenmehl Type 405 (plus etwas Mehl extra zum Bemehlen)
- 1 TL Salz
- 1 großes Bio-Ei
- 75 g Butter, raumtemperiert und gewürfelt
- optional 70 g Rosinen (oder Schokoladen-Chips)

Für die Eistreiche
- 1 großes Bio-Eigelb
- 2 EL Vollmilch

Wer seine Backkünste unter Beweis stellen möchte, sollte diese Brötchen in sein Standardrepertoire aufnehmen. Für eine weihnachtliche Variante kann man Rosinen hinzufügen und die Brötchen zum Frühstück essen, oder man bestreicht sie mit Marmelade und genießt sie zum Nachmittagstee. Mit Schokostückchen verfeinert ergeben sie auch ein köstliches Dessert für eine Dinnerparty, insbesondere wenn man sie mit Eiscreme serviert.

Anleitung

Die Hefe in eine kleine Schüssel krümeln. 1 TL Zucker und 2 EL der lauwarmen Milch hinzufügen und die Hefe 15 Minuten bei Raumtemperatur aktiv werden lassen.

Mehl, Salz, Ei, den restlichen Zucker, die restlichen 220 ml lauwarme Milch und die Hefe-Milch-Mischung in einer Schüssel mit dem Rührgerät (Flachrühreraufsatz) bei kleiner bis mittlerer Stufe gründlich vermengen. Zum Knethakenaufsatz wechseln und auf mittlerer Stufe Stück für Stück die Butterwürfel einarbeiten. Den Teig etwa 15 Minuten kneten, bis er nicht mehr an den Schüsselwänden haftet.

Den Teig auf eine bemehlte Arbeitsfläche geben und 15–20 Minuten von Hand durchkneten, bis er ganz glatt ist. Falls der Teig noch zu klebrig ist, nach und nach etwas mehr Mehl unterkneten, dann optional Rosinen oder Schokoladen-Chips einarbeiten. Weiterkneten, bis der Teig glatt ist, dann in eine große Schüssel geben und mit Frischhaltefolie abdecken. Bei Raumtemperatur etwa 1 ½ Stunden aufgehen lassen, bis sich das Volumen verdoppelt hat.

Einmal mit der Hand auf den Teig drücken, um Luftblasen zu entfernen, dann die Schüssel nochmals mit Frischhaltefolie abdecken und den Teig mindestens 3 Stunden, besser noch über Nacht, gehen lassen.

Den Teig auf einer sauberen Arbeitsfläche zu einem Strang formen und in 16 gleich große Stücke schneiden. Jedes Stück zu einer Kugel formen.

Den Backofen auf 180 °C vorheizen und ein Backblech mit Backpapier oder einer Silikonmatte auslegen.

Für die Eistreiche Eigelb und Milch in einer kleinen Schüssel verquirlen. Die Brötchen mit etwas Eistreiche einpinseln.

Die Brötchen mit einem Abstand von etwa 4 cm auf dem vorbereiteten Blech verteilen, nochmals mit Ei einpinseln und 15–20 Minuten im Ofen goldbraun backen. Dann völlig auskühlen lassen und genießen.

Register

A

Addormenta Suocere *96*

Amaretti-Kekse
Bonet *124*
Gubana Friulana *188*
Il Mio Strudel Alla Ricotta E Cioccolato *138*
Trifle Al Cioccolato E Arancia *78*

B

Babà *184*

Baiser
Baked Alaska My Way *72*
Mont Blanc *38*
Semifreddo Alle Nocciole Pralinate *42*
Torta Chiffon Al Cacao *152*
Torta Di Natale *68*
Weihnachtliche Pavlova *20*

Baked Alaska My Way *72*

Bayerische Creme *48*

Biancomangiare all'Amaretto *82*

Birnen siehe Portwein-Birnen *88*

Biscotti
Allo Zenzero *92*
Di Natale Vegani *164*

Blätterteig *16*

Bonet *124*

Brandteigkranz mit Haselnuss-krokant *34*

Brandy Custard *136*

Brazadela *172*

Brötchen
Pan De Mallorca *190*
Mini-Pandori *206*
Weihnachtliche Milch-brötchen *208*

Budino Di Ricotta Alla Romana *132*

C

Calissons *104*

Cantucci *172*

Champagner-Götterspeise *148*

Christbaum-Kuchen *134*

Clementinen-Wickeltorte *66*

Cranberrys
Ghirlanda di Natale *202*
Torta Albero Di Natale *134*
Weihnachtliche Pavlova *20*

Croquembouche auf italienische Art *24*

Custard *136*

D

Dreikönigskuchen *16*

Datteln
Torta Al Profumo Di Natale *40*
Torta Di Datteri E Caramello *28*

Dekadente Schokoladenwürfel *108*

E

Eggnog *112*

Eggnog-Orangen-Torte *46*

eifrei *40*

Eiscreme
Baked Alaska My Way *72*
Semifreddo Alle Nocciole Pralinate *42*

Espresso
Espresso Freddo *168*
Tronchetto Di Natale Al Tiramisù *30*

Esskastanien siehe Maronen

F

Florentiner Plätzchen *100*

Frischkäse
Red Velvet Cake *52*
Schokoladentorte mit Stout *74*
siehe Mascarpone oder Ricotta

G

Galette des Rois *16*

Gebrannte Mandeln *96*

Ghirlanda di Natale *202*

Gianduiotto *116*

Glutenfrei
Marquise au Chocolat *126*
Orangen-Polenta-Kuchen *162*

Götterspeise *148*

Gubana Friulana *188*

H

Haselnüsse
Gianduiotto *116*
Milk Pan Del Molise *194*

Panforte Di Siena *178*
Paris–Brest *34*
Praline Al Mascarpone *90*
Semifreddo Alle Nocciole Pralinate *42*
Torrone Al Cioccolato *120*

Honig
Champagner-Götterspeise *148*
Florentiner Plätzchen *100*
Mandorlaccio Di Altamura *128*
Mini-Pandori *206*
Mostaccioli di Napoli *166*
Panettone *198*
Panforte Di Siena *178*
Torta Al Profumo Di Natale *40*
Torta Bonissima *140*

I

Il Mio Strudel Alla Ricotta E Cioccolato *138*

Ingwer
Biscotti Allo Zenzero *92*
Torta Al Profumo Di Natale *40*
Torta Di Datteri E Caramello *28*

K

Kaffee siehe Espresso

Kandierte Früchte
Calissons *104*
Panforte Di Siena *178*
siehe auch Zitronat oder Orangeat

Kastanien siehe Maronen

Kekse siehe Plätzchen

Kokosnuss
Praline Al Mascarpone *90*
Winterliche Kokostorte *60*

Konfitüre
Biscotti Di Natale Vegani *164*
Calissons *104*
Eggnog-Orangen-Torte *46*
Pan D'Arancio *160*
Torta Di Castagne E Cioccolato *158*
Torta Verticale Alle Clementine *66*
Trifle Al Cioccolato E Arancia *78*

Kranzkuchen
Ghirlanda di Natale *202*
Paris–Brest *34*

Kürbis-Gewürz-Kuchen *146*

L

Lebkuchen *166*

M

Mandarinen-Creme-Kuchen *58*

Mandeln
Addormenta Suocere *96*
Biancomangiare all'Amaretto *82*
Mandorlaccio Di Altamura *128*
Mostaccioli di Napoli *166*
Panforte Di Siena *178*
Polvorónes *144*
Ricciarelli Di Siena *86*
Sbrisolona di Mantova *114*
Winterliche Kokostorte *60*

Mandorlaccio Di Altamura *128*

Marmelade siehe Konfitüre

Maronen
Mont Blanc *38*
Torta Di Castagne E Cioccolato *158*

Marquise au Chocolat *126*

Marshmallows *102*

Mascarpone
Praline Al Mascarpone *90*
Semifreddo Alle Nocciole Pralinate *42*
Tronchetto Di Natale Al Tiramisù *30*
Weihnachtliche Pavlova *20*
Winterliche Kokostorte *60*

Milchbrötchen siehe Brötchen

Milk Pan Del Molise *194*

Mini-Pandori *206*

Mohn *74*

Mont Blanc *38*

Mostaccioli di Napoli *166*

N

Nugat
Gianduiotto *116*
Torrone Al Cioccolato *120*
Torta Alla Crema Di Nocciole *54*

O

Omelette Surprise *72*

Orangeat
Calissons *104*
Orangen-Polenta-Kuchen *162*
Panettone *198*
Panforte Di Siena *178*
Torta Albero Di Natale *134*
Zuccotto Fiorentino *22*

Orangen
Eggnog-Orangen-Torte *46*
Mostaccioli di Napoli *166*
Orangen-Polenta-Kuchen *162*
Pan D'Arancio *160*
Torta Albero Di Natale *134*
Trifle Al Cioccolato E Arancia *78*
Weihnachtliche Pavlova *20*

P

Pan D'Arancio *160*

Pan De Mallorca *190*

Pandori *206*

Panettone *198*

Panforte Di Siena *178*

Paris–Brest *34*

Pavlova *20*

Pfitzaufs *174*

Pinienkerne *188*

Pistazien *90*

Plätzchen
Biscotti Allo Zenzero *92*
Biscotti Di Natale Vegani *164*
Brazadela *172*
Florentiner Plätzchen *100*
Polvorónes *144*
Ricciarelli Di Siena *86*
Springerle *110*

Polenta
Orangen-Polenta-Kuchen *162*
Sbrisolona di Mantova *114*

Polvorónes *144*

Popovers Per La Colazione Di Natale *174*

Pralinen
- Dekadente Schokoladen-würfel *108*
- Gianduiotto *116*
- Praline Al Mascarpone *90*

Pudding
- Biancomangiare all'Amaretto *82*
- Budino Di Ricotta Alla Romana *132*
- Champagner-Götterspeise *148*
- Weihnachtlicher Dampf-pudding *88*

R

Red Velvet Cake *52*

Reismehl *152*

Ricciarelli Di Siena *86*

Ricotta
- Budino Di Ricotta Alla Romana *132*
- Il Mio Strudel Alla Ricotta E Cioccolato *138*
- Zuccotto Fiorentino *22*

Rosenkuchen *176*

Rotweinkuchen *64*

Rumkuchen *182*

S

Samtkuchen *52*

Sbrisolona di Mantova *114*

Schmalzgebäck *144*

Schokolade
- Bonet *124*
- Croquembouche auf italienische Art *24*
- Dekadente Schokoladen-würfel *108*
- Gianduiotto *116*
- Il Mio Strudel Alla Ricotta E Cioccolato *138*
- Kürbis-Gewürz-Kuchen *146*
- Mandarinen-Creme-Kuchen *58*
- Mandorlaccio Di Altamura *128*
- Marquise au Chocolat *126*
- Milk Pan Del Molise *194*
- Mini-Pandori *206*
- Mont Blanc *38*
- Mostaccioli di Napoli *166*
- Panettone *198*
- Praline Al Mascarpone *90*
- Schokoladentorte mit Stout *74*
- Semifreddo Alle Nocciole Pralinate *42*
- Torrone Al Cioccolato *120*
- Torta Alla Crema Di Nocciole *54*
- Torta Bonissima *140*
- Torta Cioccolato E Vino Rosso *64*
- Torta Di Castagne E Cioccolato *158*
- Torta Di Natale *68*
- Torta Verticale Alle Clementine *66*
- Torte mit doppelter Bayerischer Creme *48*
- Trifle Al Cioccolato E Arancia *78*
- Weihnachtliche Milchbrötchen *208*
- Winterliche Kokostorte *60*
- Zuccotto Fiorentino *22*

Semifreddo Alle Nocciole Pralinate *42*

Sherrykuchen mit Kardamom *154*

Spitzbuben *164*

Springerle *110*

Stout *74*

Strudel *138*

T

Tiramisù-Baumstamm *30*

Tronchetto Di Natale Al Tiramisù *30*

Torrone Al Cioccolato *120*

Torta Al Profumo Di Natale *40*

Torta Albero Di Natale *134*

Torta Alla Crema Di Nocciole *54*

Torta Bonissima *140*

Torta Chiffon Al Cacao *152*

Torta Cioccolato E Vino Rosso *64*

Torta Delle Rose Mantovana *176*

Torta Di Castagne E Cioccolato *158*

Torta Di Datteri E Caramello *28*

Torta Di Natale *68*

Torta Verticale Alle Clementine *66*

Torte mit doppelter Bayerischer Creme *48*

Trifle Al Cioccolato E Arancia *78*

Tronchetto Di Natale Al Tiramisù *30*

V

vegan
- Biscotti Di Natale Vegani *164*
- Red Velvet Cake *52*
- Vegane Marshmallows *102*

Veneziana *186*

Vollkorn-Spitzbuben *164*

W

Walnüsse
- Torta Bonissima *140*
- Gubana Friulana *188*

Weihnachtliche Milchbrötchen *208*

Weihnachtliche Pavlova *20*

Weihnachtlicher Dampfpudding *88*

Weihnachtsfruchtkuchen *40*

Weihnachtskranz *202*

Weinbrand-Sauce *136*

Whisky *112*

Winterliche Kokostorte *60*

Z

Zitronat
- Budino Di Ricotta Alla Romana *132*
- Calissons *104*
- Panforte Di Siena *178*

Zitronen
- Galette des Rois *16*
- Mont Blanc *38*
- Pan D'Arancio *160*
- Sherrykuchen mit Kardamom *154*
- Weihnachtliche Pavlova *20*
- Weihnachtlicher Dampfpudding *88*

Zuccotto Fiorentino *22*

Creative Producer: Massimo Zannoni
Design und Layout: Isabella Mancioli
Blumenarrangements und Dekoration: Irene Ratti
Kostümbild: Carlotta Cozzani

Projektleitung Verlag: Claudia Stäuble
Übersetzung: Melanie Schirdewahn
Lektorat, Korrektorat und Satz: VerlagsService Dietmar Schmitz GmbH
Herstellung: Friederike Schirge
Lithografie: Reproline Mediateam
Druck und Bindung: DZS Grafik, d.o.o., Ljubljana

MIX
Papier aus verantwortungsvollen Quellen
FSC® C106600

Verlagsgruppe Random House FSC® N001967

Printed in Slovenia

ISBN 978-3-7913-8636-2

www.prestel.de

Danke!

Dieses Buch entstand in einer schwierigen Zeit – für viele Menschen, ganze Nationen, aber auch für mich persönlich. Dennoch ist es ein Werk voller Liebe und Freude. Ohne die Hilfe vieler sehr talentierter Menschen wäre dieses Buch aber natürlich niemals entstanden:

Vielen Dank an den Prestel Verlag, der ein weiteres Mal an mich geglaubt hat. Das bedeutet mir unendlich viel. Ein riesiges Dankeschön geht an Massimo Zannoni für seine großartige Arbeit und die Verwirklichung meiner Vision. Ich danke Danny Bernadini für die atemberaubend schönen Fotos! Diese beiden Menschen sind wahre Genies! Wir diskutieren viel, aber wir erschaffen gemeinsam auch kleine Wunder!

Danke Irene von »La Verde Milonga« für die wunderschönen Blumen- und Pflanzenarrangements. Du bist fantastisch! Danke Carlotta von »Many me« für deine Hilfe und dein tolles Stilempfinden! Du bist ein echter Mode-Guru! Ich danke meiner Mutter, die während des gesamten Projektes so viel Geduld mit mir hatte. Es tut mir leid, dass ich nicht immer da sein konnte, du musst aber wissen, dass ich dich sehr liebe! Danke auch meiner tollen Freundin Leila – du gütiger Geist und reine Seele! Ich liebe dich, Süße! Danke Serena für deine große Hilfe und Unterstützung. Auch du bist eine wundervolle Freundin! Danke Charis, Rube und kleine Olivia – ihr seid für mich die perfekte Familie! So eine Familie hätte ich auch gerne eines Tages!

Viel Liebe geht außerdem an Francesco und Jess sowie Giò und Agnese! Aus vollem Herzen danke ich auch Fabri, der mir eine Chance gegeben hat, als ich nach Sarzana gezogen bin, und den vielen wundervollen Menschen, die meine Arbeit vom ersten Tag an unterstützt haben. Danke an Tim Raue und Tim Mälzer – von euch habe ich so viel über das Business gelernt! Danke Doreen, meine deutsche »Besty«, du bist ein wundervoller Mensch und ich liebe dich! Küchenchef Micky und kleine Neele, danke für die vielen heiteren Stunden mit euch, die mir durch eine schwere Zeit geholfen haben. Martin, du bist ein wahrer Gentleman und Freund! Vielen Dank! Danke Laura für deine Hilfe im Laden, wenn ich verhindert war. Auf dich kann man sich verlassen. Danke Isabella Mancioli! Kleine Nina und kleine Bianca – dieses Buch ist für euch! Und last, but keinesfalls least danke ich dem wundervollsten Menschen in meinem Leben: Diego. Du bist mein bester Freund, mein Seelenverwandter und mein Komplize. Wir wachsen gemeinsam und lieben einander auf eine Weise, die ich bisher so nicht kannte. Du bist mein Lieblingsmensch und das überraschendste und wertvollste Geschenk von allen. Dafür liebe ich dich!

Merry Christmas!

In Liebe,
Melissa